Winfried Pohl / Gisela Sämann

Effektive Kommunikation

EHP - PRAXIS

Hg. Andreas Kohlhage

Die Autoren:

Winfried Pohl
Diplom-Psychologe, Jg. 1955; Supervisor BDP/DVG, Approbation als Psychologischer Psychotherapeut (tiefenpsychologisch); Gestalttherapeut DVG, Gesprächspsychotherapeut GwG, Bodywork-Trainer; Lehr-, Supervisions- und Weiterbildungstätigkeit in verschiedenen Institutionen; Mitinhaber des Gestalt-Zentrums Tübingen (Ausbildungs-Institut für psychosoziale Berufe); langjährige Tätigkeit in Klinik und eigener Praxis; seit 1990 Coaching, Training und Weiterbildung von Führungskräften; Inhaber des Training- und Coaching-Instituts Pohl & Partner Tübingen.

Gisela Sämann
Diplom-Soziologin, Jg. 1959; langjährige Tätigkeit in Führungspositionen im Bereich Medien und Öffentlichkeitsarbeit sowie in der innerbetrieblichen Ausbildung; Aus- und Weiterbildungen in Coaching, Konfliktmanagement, Gestalttherapie/-beratung, Stressmanagement und Entspannungstechniken; seit 2000 Coaching und Training von Führungs- und Fachkräften; Inhaberin des Training- und Coaching-Instituts Pohl & Partner Tübingen.

Winfried Pohl / Gisela Sämann

Effektive Kommunikation

Die Kunst der Beziehungsgestaltung im beruflichen Alltag

EHP
– 2008 –

www.ehp.biz

Bibliografische Information der Deutschen Bibliothek
Die Deutsche Bibliothek verzeichnet diese Publikation in der Deutschen Nationalbibliografie; detaillierte Daten sind im Internet über http://dnb.ddb.de abrufbar.

Umschlagentwurf: Uwe Giese
Satz: MarktTransparenz Uwe Giese, Berlin
Gedruckt in der EU

ISBN 978-3-89797-051-9

Inhalt

Vorwort

> Der Mensch wirkt alles,
> was er vermag, auf den
> Menschen durch seine
> Persönlichkeit.
>
> *Johann Wolfgang von Goethe*

Dieses Buch ist anders. Wir versprechen Ihnen nichts. Wir verraten Ihnen keine Tricks. Wir sagen Ihnen nicht, wie Sie ganz einfach über Nacht effektiv kommunizieren lernen. Davon halten wir so wenig wie von den Wunderdiäten, mit denen man angeblich ohne zu hungern rasch das Traumgewicht erreicht.

Was erwartet Sie also in diesem Buch? Statt der »Crashdiät« sozusagen die Anleitung zur langfristigen »Ernährungsumstellung«. Statt der Trickkiste der Kommunikation die Anleitung zur Persönlichkeitsentwicklung: Denn Ihre Persönlichkeit ist der wichtigste, der entscheidende Kommunikationsfaktor.

Die gängigen Kommunikationstechniken setzen in erster Linie auf das Manipulieren des Gegenübers im Sinne der eigenen Ziele. Solche Tricks funktionieren (wenn überhaupt) nur kurzfristig. Langfristig erfolgreich wird Ihre Kommunikation erst, wenn Sie nicht antrainierte Verhaltensweisen ins Spiel bringen, sondern Ihre individuelle Persönlichkeit inklusive Ihrer Gefühle und Interessen.

Dieses Buch reduziert Persönlichkeit nicht auf die äußere Verhaltensebene, es setzt vielmehr am inneren Erleben an. Deshalb geht es auf den folgenden Seiten auch nicht darum, wie man sich »richtig« verhält oder die Körpersprache des anderen deutet. Stattdessen leiten wir Sie an, sich Ihres eigenen körpersprachlichen Ausdrucks bewusst zu werden. Sie lernen dann, die Verbindung herzustellen zu dessen innerer Quelle – zu Ihren Gefühlen und Bedürfnissen. Die Bewusstheit über Ihr äußeres Verhalten und inneres Erleben sowie die Klarheit über Ihre Ziele sind unerlässliche Voraussetzungen jeder Kommunikation, die gelingen soll.

Wir zeigen Ihnen auch, wie Sie Ihren Gesprächspartner* wirklich wahrnehmen können, ohne ihn in Schubladen zu stecken. Sie lernen effektive

Dialoggestaltung, den Umgang mit negativen Gefühlen und wie Sie sich mit Selbstcoaching-Techniken in schwierigen Situationen selbst unterstützen können. Sie erweitern zum einen Ihr Wissen um die wesentlichen Dimensionen effektiver Kommunikation. Zum anderen erhalten Sie praktische Anregungen und Übungsaufgaben für Ihren Alltag.

Eine Landkarte für das Gebiet der Kommunikation ist dieses Buch. Sie werden sich nach der Lektüre neu und besser orientieren können, aber Sie werden darin nicht den einzig richtigen und gültigen Weg finden. Den gibt es auch nicht, weil er individuell ist und von Ihrer Persönlichkeit abhängig. Sie werden ihn selbst finden – und hoffentlich auch gehen.

Eingeflossen in die folgenden Kapitel sind die Erfahrungen aus unserer langjährigen praktischen Arbeit mit Führungskräften in Seminaren und im Einzelcoaching. Zahlreiche wertvolle Anregungen hat Petra Hering, Diplom-Sozialpädagogin in Tübingen, beigesteuert. Wir danken ihr sehr herzlich für ihren kompetenten fachlichen Rat ebenso wie für die persönliche Unterstützung und Ermutigung.

Winfried Pohl
Gisela Sämann

* Wenn auf den folgenden Seiten von Gesprächspartnern, Mitarbeitern, Kollegen und Chefs die Rede ist, geschieht dies nur aus Gründen der besseren Lesbarkeit. Selbstverständlich sind immer auch Gesprächspartnerinnen, Mitarbeiterinnen, Kolleginnen und Chefinnen gemeint.

1. Kommunizieren statt manipulieren

Warum effektive Kommunikation Persönlichkeitsausdruck sein muss

Kennen Sie die Geschichte vom Mann mit dem Hammer? Sie stammt von Paul Watzlawick, einem amerikanischen Psychologen, und sie geht ungefähr so:

> Ein Mann möchte einen Nagel in die Wand schlagen, hat aber keinen Hammer. Sein Nachbar hat einen, von dem wird er ihn leihen. Doch da kommen dem Mann Bedenken: Hat der Nachbar ihn nicht neulich so seltsam angeschaut, fast unfreundlich sogar? Wieso hat er das getan? Unser Mann wird ärgerlich: Der Nachbar hat doch gar keinen Grund, unfreundlich zu ihm zu sein. Schließlich war er selbst immer nett zu ihm. Der Ärger wächst: Von so einem unfreundlichen, arroganten Typen wird sich unser Mann keinen Hammer leihen, wäre ja noch schöner! Stattdessen geht er zum Nachbarn, klingelt an der Tür, und bevor noch der Nachbar ihn begrüßen kann, brüllt er ihn an: »Behalten Sie doch Ihren Hammer, Sie Rüpel!«

Karrierefaktor Kommunikation

Eine charmante Story mit einer wahren Botschaft: Der Mensch hat so seine Plage mit der Kommunikation, weil er sich dabei oft genug selbst im Weg steht. Kommunizieren will und muss er, jeden Tag, immer wieder. Nicht nur, weil der Kontakt zu den Artgenossen an sich ja etwas Erfreuliches ist (meistens jedenfalls), sondern weil er auch einiges von ihnen will. Effektive Kommunikation ist die Voraussetzung dafür, dass Bedürfnisse befriedigt und Ziele verwirklicht werden können – im privaten Bereich ebenso wie im beruflichen.

Und dort ist effektive Kommunikation nicht nur etwas, was das Leben leichter macht, sondern ein Produktivitäts- und natürlich auch ein Karrierefaktor. *Kommunikationsfähigkeit ist die Kernkompetenz der Soft Skills, ohne die langfristig niemand erfolgreich sein wird.* Ein Unternehmensberater hat es so ausgedrückt: »Eingestellt werden Sie wegen Ihrer fachlichen Kompetenz und gefeuert wegen Ihrer Persönlichkeit.«

Das klingt hart, ist aber im Kern richtig. An der Persönlichkeit gilt es also zu arbeiten, wenn Sie Ihre Ziele erreichen wollen. Sie leiten vielleicht ein Team und wollen, dass die Zusammenarbeit produktiv ist, dass Konflikte konstruktiv ausgetragen werden und Lob beziehungsweise Kritik richtig ankommen. Sie wollen natürlich Ihre Vorstellungen und Anregungen in Meetings oder im persönlichen Kontakt zu Kollegen und Vorgesetzten souverän einbringen. Möglicherweise möchten Sie ein Produkt verkaufen, Kunden überzeugen. Ziele sind vielfältig. Aber immer werden Sie zur Verwirklichung eines brauchen: die Fähigkeit zur effektiven Kommunikation.

1.1 Kommunikation als Manipulation

Was Sie sagen und wie Sie es sagen

Viele kluge Leute haben sich Gedanken gemacht, wie man auf diesem Weg ein Stück weiterkommt und sich die entsprechenden Fähigkeiten aneignet. Einer der wichtigsten Punkte dabei: Nicht *was* Sie sagen, ist entscheidend, sondern *wie* Sie es sagen. Das mittlerweile legendäre (und durch mehrere Nachfolge-Untersuchungen bestätigte) Experiment des Psychologen Albert Mehrabian aus dem Jahr 1967 ergab geradezu Schockierendes: Nur magere sieben Prozent Wirkung erzielt ein Mensch durch Worte und Inhalte. Der satte Rest von 93 Prozent geht auf das Konto der nonverbalen Kommunikation.

Mehrabian hatte Schauspieler zum Beispiel Sätze mit unfreundlichem Inhalt sagen lassen – aber die Schauspieler machten ein freundliches Gesicht dazu und sprachen mit herzlichem Tonfall. Bei den Versuchspersonen, die die Gesamtwirkung beurteilen sollten, blieb ein angenehmer Eindruck zurück. Der negativ gefärbte Inhalt hatte kaum Wirkung (eben nur sieben Prozent); 55 Prozent des Gesamteindrucks wurden von der Mimik bestimmt und 38 Prozent vom Tonfall. Auch in anderen Varianten (freundlicher Inhalt, grimmiges Gesicht, harscher Tonfall zum Beispiel) bestätigte sich: Der Inhalt spielte nur eine geringe Rolle für den Gesamteindruck.

Blickkontakt, Mimik, räumliches Verhalten, Stimme, Gestik und Körperhaltung: An diesen Knöpfchen müsste man doch drehen können, oder? Man kann. Wie, damit beschäftigen sich seit vielen Jahren die meisten Rhetorik- und Kommunikationstrainings. Im Mittelpunkt steht dabei üblicherweise die Frage, welches Verhalten beziehungsweise welche Körpersprache bei den meisten Menschen welche Wirkung zeigt. Aus den Beobachtungen werden dann Verhaltensaufforderungen abgeleitet.

Das sind durchaus wertvolle Tipps: Es ist natürlich wichtig, bei einem Gespräch nicht zusammengesunken im Stuhl zu kauern. Wer sich aufrichtet, wirkt präsenter. Wenn Sie Blickkontakt zu Ihrem Gegenüber halten, werden Sie Ihn eher überzeugen, als wenn Sie konsequent an ihm vorbeischauen. Und wenn Sie in der Zusammenarbeit mit anderen Menschen auf Belehrungen oder Bewertungen (»Das sehen Sie mal wieder völlig falsch«) verzichten, dann wird das Klima um Sie herum schnell um etliche Grade wärmer werden.

Kommunikation und Verhaltenspsychologie

Der Reiz und die Reaktion

Ein Kommunikationstraining, das sich auf dieser Ebene bewegt, ist ein Verhaltenstraining. Das Konzept, das dahintersteckt, stammt zum überwiegenden Teil aus der Verhaltenspsychologie. Die geht von der Annahme aus, dass ein bestimmter Reiz aus der Umwelt beim Menschen eine ganz bestimmte Reaktion hervorruft, eine positive oder eine negative: Wenn man diese Zusammenhänge kennt, kann man durch das eigene Verhalten negative Auslöser und damit negative Reaktionen bei anderen Menschen vermeiden und positive hervorrufen lernen. Daraus leiten sich dann die vielfältigen Empfehlungen für das Kommunikationsverhalten im Alltag ab.

Umgekehrt gibt die Körpersprache des Gesprächspartners auch Hinweise auf dessen Befindlichkeit. Wer dann wiederum das eigene Verhalten entsprechend verändert, wird sehr wahrscheinlich eine Reaktion des Gegenübers erzeugen, die den eigenen Interessen entspricht, sagt die Verhaltenspsychologie.

Tricks und Techniken

Es ist wichtig, die verhaltenspsychologischen Erkenntnisse zu beachten. Auch in diesem Buch wird noch auf die Grundlagen der nonverbalen Kommunikation und der Körpersprache einzugehen sein. *Aber erwarten Sie nicht alles von diesen Techniken und Tricks: Wenn Sie allein auf Verhaltensregeln setzen, die eine möglichst kalkulierbare Wirkung beim Gegenüber erzielen sollen, dann lernen Sie nicht effektive Kommunikation, sondern allenfalls effektive Manipulation – oder besser gesagt: den trügerischen Glauben daran.*

Manipulieren geht auf Kosten der Beziehung

Denn im Zentrum Ihrer Aufmerksamkeit steht dabei der Andere, bei dem Sie mit Ihrem Verhalten eine ganz bestimmte Reaktion erreichen wollen: Dass er Ihnen freundlich gesonnen ist, Ihre Argumente akzeptiert, Ihr Produkt kauft – kurz: dass er tut, was Sie wollen.

Vielleicht klappt das zunächst sogar. Aber vermutlich hält die Freude über den Erfolg nicht lange vor. Die meisten Menschen merken es früher oder später, wenn sie mit meisterlichen rhetorischen Kniffen überredet, aber nicht wirklich überzeugt wurden. Um bei Ihrem Gesprächspartner das Gefühl abzubauen, über den Tisch gezogen worden zu sein, werden Sie dann den doppelten Einsatz bringen müssen. Manipulationen gehen immer auf Kosten der Beziehung. *Kommunikation kann aber nur dann effektiv sein, wenn sie die Beziehung der Beteiligten zueinander verbessert oder zumindest nicht verschlechtert.*

Interpretationen sind anfällig für Fehler

Der rein verhaltensorientierte Ansatz ist auch auf einer anderen Ebene anfällig. Zum Beispiel dann, wenn die Körpersprache des Gegenübers falsch interpretiert wird. Sie sehen, dass der Kunde die Augenbrauen zusammenzieht, wenn Sie ihm Ihre Verkaufsunterlagen präsentieren:

Nachdenklichkeit, Ärger, Unzufriedenheit? Wer weiß. Möglicherweise gefallen dem Kunden Ihre Vorschläge nicht besonders – vielleicht sieht er aber auch einfach nur ein bisschen schlecht.

Nicht umsonst weisen Rhetorik-Experten darauf hin, dass die Körpersprache allein nicht die Grundlage für die Kommunikationsstrategie sein kann. Sie müssten Ihr Gegenüber schon nach seiner Befindlichkeit fragen, wenn Sie klar sehen wollen. Andernfalls stochern Sie bei der Suche nach der richtigen »Behandlung« Ihres Gesprächspartners in vielen Fällen im Nebel.

Viele Menschen manipulieren unbewusst

Übrigens läuft Manipulation nicht nur im bewussten Bereich ab. Viele Menschen setzen in ihrem Kommunikationsverhalten Manipulationstechniken ein und merken es gar nicht. Das passiert zum Beispiel dann, wenn ein Mensch in speziellen Situationen in eine bestimmte Rolle fällt, um seine Ziele zu erreichen.

Da ist vielleicht die Mitarbeiterin, die ärgerlich auf ihre Vorgesetzte ist, weil die ihr wichtige Informationen vorenthält. Wenn sie dann schmollend oder trotzig das Gewünschte einfordert, fällt sie in eine kindliche Rolle – und spricht ihre Vorgesetzte unbewusst auf der »mütterlichen« Ebene an. In der Hoffnung, dass die dann instinktiv gar nicht anders kann, als das »Kind« mit dem Notwendigen zu versorgen.

Oder man stelle sich den Abteilungsleiter vor, der in Meetings den Rest der Runde regelmäßig mit Worten so erschlägt, dass den anderen die Lust auf Gegenfragen oder gar Widerspruch rasch vergeht. Auch das ist Manipulation.

Ob unbewusst oder bewusst: Manipulierendes Kommunikationsverhalten macht abhängig. Wenn Sie ständig überlegen, was Ihr Gesprächspartner gerade braucht und was Sie tun müssen, um bei ihm gut anzukommen, richten Sie sich in erster Linie nach ihm. Ihre Aufmerksamkeit ist bei Ihrem Gegenüber, Sie passen sich ihm an und vernachlässigen dabei in der Regel den wichtigsten Kommunikationsfaktor – Ihre *eigene* Persönlichkeit.

1.2 Kommunikation als Persönlichkeitsausdruck

Die beste Kommunikationstechnik nützt wenig, wenn sie auf die äußere Verhaltensebene beschränkt bleibt und Sie Ihr inneres Erleben außen vor lassen wollen. Das werden Sie nämlich nicht schaffen: Irgendwann kommt es Ihnen samt allen Emotionen todsicher in die Quere – und sehr wahrscheinlich im unpassendsten Moment. Dann laufen Sie Gefahr, in Ihrem Kommunikationsverhalten nicht mehr stimmig zu wirken und das Gegenteil von dem zu erreichen, was Sie eigentlich wollen.

Schauspielern bringt nichts

Das gilt vor allem für Situationen, in denen nicht alles glatt läuft und Sie vielleicht mit Menschen zu tun haben, die Ihnen nicht besonders angenehm sind. Ihr Gegenüber wird merken, wenn Ihr Lächeln aufgesetzt, Ihr Interesse nur geheuchelt ist und Sie ihn in Wirklichkeit für einen ausgemachten Langweiler halten. Oder andersherum: Was tun Sie, wenn Ihr Gesprächspartner die nackte Wut in Ihnen erzeugt? Es wird ziemlich schwer werden, entgegen Ihren inneren Gefühlen eine positive Körpersprache zustande zu bringen – wenn Sie es überhaupt schaffen, ist das Ergebnis wenig überzeugend und stimmig.

Wäre es nicht einfacher, dieses innere Erleben, die positiven und auch negativen Gefühle auf konstruktive Weise in die Kommunikation mit einzubeziehen?

Die ganze Person ins Spiel bringen

Die Einheit von Innen und Außen

Effektive Kommunikation ist immer auch emotionale Kommunikation. Sie setzt voraus, dass Sie sich nicht nur mit dem Anderen beschäftigen, sondern auch mit sich selbst – und zwar nicht nur auf der äußeren Verhaltensebene: Bringen Sie sich als *ganze* Person ins Spiel, mit Ihrem Verhalten und Ihrem inneren Erleben, mit Ihren Gefühlen und Bedürfnissen in der jeweiligen Situation. Sie sind doch ein Individuum, oder nicht? Und das lateinische Wort Individuum bedeutet nichts anderes als »das Unteilbare«. Also: Bleiben Sie ganz, teilen Sie Ihre

Persönlichkeit nicht auf. *Nur wenn äußeres Verhalten und inneres Erleben eine Einheit bilden, wird das Kommunikationsverhalten stimmig und erfolgreich.*

»Die Gefühle sind die wichtigsten Antriebskräfte unseres Verhaltens.« (Frederick Perls)

© Pohl / Sämann 2008

Abb. 1: Persönlichkeit

Ein Beispiel: Kollege Meier spricht meistens mit einer leisen, monotonen Stimme. In Meetings geht er mit seinen Argumenten unter; die Kollegen hören ihm gar nicht richtig zu. Das macht ihn unsicher und seine Stimme noch leiser.

Es ist natürlich ein guter und richtiger Tipp für Herrn Meier, an seiner Stimme zu arbeiten und lauter zu sprechen. Aber es ist nur der erste Schritt. Wenn Herr Meier künftig voller Angst und Unsicherheit einfach nur lauter redet, ist noch nicht viel gewonnen.

Wichtig wäre, dass Herr Meier nicht versucht, Angst und Unsicherheit zu verdrängen, sondern diese Gefühle wahrzunehmen und zu respektieren. Und dass er dann daran geht, auch Festigkeit und Sicherheit zu entwickeln und diese neuen Gefühle zu spüren und zu nutzen. (Wie dies im Einzelnen vor sich geht, wird Thema der späteren Kapitel sein).

Stimmiges Verhalten

Wenn ein solcher emotionaler Veränderungsprozess in Gang kommt, wird Herr Meier künftig von ganz allein lauter und selbstsicherer sprechen – weil er sich sicherer *fühlt*. Er muss sich das »richtige« kommunikative Verhalten nicht überstreifen wie einen Handschuh. Das innere Erleben und das äußere Verhalten bilden vielmehr eine Einheit: Die Kommunikation wird stimmig, überzeugend und damit effektiv.

Die innere Quelle der Kommunikation

Gefühle und Bedürfnisse

Warum so viele Worte um das Innenleben? Müssen Sie sich im Alltag wirklich dauernd damit beschäftigen? Ja, wenn Sie erfolgreich kommunizieren wollen: Weil Ihre Persönlichkeit eben nicht nur aus dem äußeren Verhalten besteht. Wenn Sie sich darauf beschränken, bleiben Sie im Bereich der Manipulation. Wenn aber das innere Erleben mit einfließt, bekommt Kommunikation eine andere Qualität, weil das Verhalten dann eine innere Quelle hat: die Gefühle und Bedürfnisse. Und diese »gefühlte Quelle« fehlt, wenn Sie nur das äußere Verhalten wichtig nehmen. Mit beidem sollten Sie sich befassen: Erst dann sind Sie als Person ganz präsent und können stimmig und erfolgreich kommunizieren.

Die emotionale Verankerung

Das »Wie« der Kommunikation ist in der Tat entscheidend, die unbewusste, die nonverbale Kommunikation. Aber das »richtige« Verhalten auf der nonverbalen Ebene kann nicht abgetrennt werden vom inneren Erleben. Als Persönlichkeit sind Sie einzigartig in Ihrem individuellen Ausdruck: Entscheidend ist nicht so sehr, ob Sie die richtigen Gesten machen und die richtigen Formulierungen benutzen. *Entscheidend ist, dass die Fähigkeiten zur effektiven Kommunikation nicht kopfgesteuertes Verhalten sind, sondern emotional verankert werden.* Dann agieren Sie ganzheitlich aus Ihrer inneren Quelle, aus der »Mitte«.

Diese Art von Kommunikation ist per se effektiv und überzeugend, weil sie Persönlichkeitsausdruck ist und nicht nur äußeres Verhalten, weil sie authentisch ist und nicht aufgesetzt, weil sie Antworten gibt und nicht nur Reaktionen produziert.

Deshalb wird in diesem Buch nicht die Rede davon sein, welche Körpersprache welche Wirkung hat oder mit welchen Formulierungen unangenehme Dinge positiv ausgedrückt werden können. Es wird die Rede sein von den grundlegenden persönlichen Fähigkeiten, auf deren Boden alles andere überhaupt erst seine Wirkung entfalten kann: persönliche Präsenz, Dialogfähigkeit, klare Selbst- und Fremdwahrnehmung. Thema ist also nicht allein die Verhaltensebene, sondern auch Ihre persönliche Bewusstseinsebene.

Kommunikation und Humanistische Psychologie

Der Mensch ist keine Maschine

Auch diese Sichtweise hat natürlich einen theoretischen Hintergrund. In diesem Fall ist es jedoch nicht die Verhaltenspsychologie, sondern die Humanistische Psychologie, insbesondere der Gestalt-Ansatz von Frederick S. Perls und der personenzentrierte Ansatz von Carl R. Rogers.

Den Begründern der Humanistischen Psychologie war das Reiz-Reaktions-Schema der Verhaltenspsychologen zu wenig. Menschen sind in der Humanistischen Psychologie keine maschinenähnlichen Wesen, die als Reaktion auf einen bestimmten Reiz aus der Umwelt ein bestimmtes Verhalten produzieren. Sie sind nicht außengesteuert von ihrer Umwelt, sondern Gestalter ihres Lebens und ihrer Beziehungen. Kreativität, Bedürfniserfüllung, die Entwicklung innerer Ressourcen, Lebensfreude sind die Begriffe, um die sich dieser Ansatz dreht.

Die postiven Kräfte wecken

Während die Verhaltenspsychologie anstrebt, Defizite zu beseitigen, und dabei eher versucht, unangenehme Gefühle zu bekämpfen (»Die Angst muss weg«), geht die Humanistische Psychologie einen anderen Weg: Sie sucht die Integration zwischen der Umwelt, der äußeren Realität, und dem inneren Erleben, der inneren Realität. Allgemein gültige Verhaltensregeln passen in diese Vorstellung nicht hinein.

Die Humanistische Psychologie hat eine *grundsätzlich bejahende* Haltung zu allen Gefühlen. Sie will die positiven Kräfte im Menschen wecken, mit denen er auf seine ganz individuelle Weise auf die Außenwelt zugeht und mit ihr kommuniziert – direkt aus seiner »inneren Quelle« heraus und nicht unter Zuhilfenahme von angelernten Techniken.

Weg von den Tricks

Es wird also in diesem Buch nicht darum gehen, mit welchem Verhalten Sie Interesse signalisieren können, obwohl Sie innerlich die totale Langeweile spüren. Es wird vielmehr darum gehen, wie Sie aus Ihrem Gefühl der Langeweile herauskommen und wieder echtes Interesse empfinden können, das sich in Ihrer Körpersprache dann ganz von selbst und natürlich ausdrückt.

Wie können Sie zu einem erfolgreichen individuellen Kommunikationsstil finden, der Ihre Persönlichkeit ins Spiel bringt? Indem Sie sich mit Ihren Gefühlen vertraut machen, die in jeder Kommunikationssituation eine entscheidende Rolle spielen.

2. Keine Angst vor Gefühlen

Die verschiedenen Ebenen der Kommunikation: Inhalt und Prozess

2.1 Den Zugang zum Innenleben finden

Jeder Mensch hat beziehungsweise ist eine Persönlichkeit. Nur: Die meisten Menschen haben den Zugang dazu verloren, weil sie sich zu wenig mit ihrem inneren Erleben beschäftigen. Vielleicht deshalb, weil Gefühle nicht sichtbar sind wie äußeres Verhalten, nicht »objektiv« beobachtbar und schon gar nicht wissenschaftlich nachweisbar. Vielleicht aber auch, weil Gefühle vielen Menschen ein bisschen unheimlich sind; weil sie gar nicht so genau wissen wollen, was sie da alles in ihrem Inneren entdecken, wenn sie einen ausgiebigen Blick auf ihr eigenes Ich werfen.

Die Man-Wir-Es-Sprache

Dieser Verlust wird schon auf der sprachlichen Ebene deutlich: Die eigene Persönlichkeit wird durch das Wort »Ich« repräsentiert, aber davon ist im (Berufs-)Alltag in der Regel nicht viel zu hören. Die Man-Wir-Es-Sprache dominiert: »Man kann das nicht so machen« statt »Ich will das nicht so machen«, »Wir sollten jetzt mal eine Pause einlegen« statt »Ich brauche eine Pause«, »Dieses Projekt ist so nicht zu schaffen« statt »Ich brauche mehr Unterstützung«. Achten Sie einen Tag lang auf Ihre eigenen Formulierungen und die der anderen – Sie werden jede Menge Beispiele dafür finden.

Und wenn Sie das Wort »Ich« aussprechen: Was spüren Sie dabei? Ist es für Sie nur ein Wort oder steckt mehr dahinter? Ein deutliches Gefühl zum Beispiel für das einzigartige »Ich« mit allen seinen Anteilen, das Sie selbst sind? Oder tut sich da erst einmal gar nichts? Empfinden Sie vielleicht eher etwas, wenn Sie »Urlaub« oder »Cappuccino« sagen?

Probieren Sie es aus. Die folgende Übung soll Ihnen dabei helfen.

2.2 Trainingseinheit: Die Ich-Übung

- Schließen Sie die Augen und atmen Sie ein paar Mal tief ein und aus. Sagen Sie dann das Wort »Ich«. Mehrmals hintereinander, immer mit ein paar Atemzügen dazwischen.
- Wie geht es Ihnen dabei? Fällt es Ihnen leicht, »Ich« zu sagen, oder fällt es Ihnen schwer? Und was spüren Sie? Haben Sie ein freundliches, warmes Gefühl oder spüren Sie Unsicherheit, Schüchternheit oder etwas ganz anderes? Fühlen Sie sich ruhig und sicher, wenn Sie »Ich« sagen oder eher ein wenig ratlos? Oder sind Sie gar nicht bei Ihren Gefühlen, sondern eher im Kopf und fragen sich, was der Sinn dieser Übung ist? Amüsieren Sie sich darüber oder hören Sie vielleicht eine innere Stimme, die Ihnen vorhält, »Ich« zu sagen sei reichlich egoistisch?
- Experimentieren Sie mit Ihrem »Ich«: Sagen Sie es mal laut und mal leise, mal im Sitzen und mal im Stehen und wenn Sie möchten, auch im Umherlaufen. Verändert sich dabei etwas bei Ihren Gefühlen?
- Wenn Sie sich schwer tun, überhaupt etwas zu fühlen, dann achten Sie besonders auf Ihre Atmung: Sagen Sie das Wort »Ich« zu Beginn der Ausatmung – und spüren Sie jetzt noch einmal Ihren Gefühlen nach.

Wenn Sie nicht viel dabei fühlen, wenn Sie das Wort »Ich« aussprechen, dann dürfen Sie sich zunächst einmal damit trösten, dass Sie in bester Gesellschaft sind: Die meisten Menschen können sich selbst nicht besonders gut spüren. Dafür können sie etwas anderes umso besser: über sich und andere (nach)denken.

2.3 Was und Wie: Zwei Bewusstseinsebenen

An dieser Stelle müssen wir ein paar Begriffe einführen, die für unser Modell von effektiver Kommunikation von zentraler Bedeutung sind.

Es gibt *zwei Bewusstseinsebenen*, auf denen sich Kommunikation abspielen kann. Die eine Ebene ist der *Bereich des Denkens und Fantasierens*: Hier geht es um das Verständnis der sprachlichen Inhalte, die übermittelt werden – und um die Gedanken, die Sie sich über sich selbst und Ihren Gesprächspartner machen. Die andere Ebene ist der *Bereich des Wahrnehmens und Erlebens*: Was sehen Sie, was hören Sie (oder besser gesagt: *Wie* hören Sie Ihr Gegenüber) und welche Gefühle löst das bei Ihnen aus?

Kommunikation ist fast immer zu kopflastig

Für eine effektive Kommunikation hat der Bereich des Wahrnehmens und Erlebens eine zentrale Bedeutung, aber wir sind in der Regel weit davon entfernt, dieser Ebene die notwendige Beachtung zu schenken: Forscher haben herausgefunden, dass die meisten Menschen, auch wenn sie mit anderen kommunizieren, reichlich kopflastig sind: Zu 90 Prozent stecken sie mit ihrer Aufmerksamkeit im Bereich des Denkens. Das heißt, sie befassen sich fast ausschließlich mit den sprachlichen Inhalten der Kommunikation. Leider.

Erinnern Sie sich noch an das Experiment von Mehrabian, das im ersten Kapitel beschrieben wurde? Danach machen die Inhalte gerade mal sieben Prozent der Wirkung von Kommunikation aus, der nonverbale Bereich aber 93 Prozent. Warum verschwenden dann die meisten Menschen den Großteil ihrer Energie an der falschen Stelle?

Vom Denken, Fühlen und Vermeiden

Dass wir fast ausschließlich mit dem Denken beschäftigt sind, ist zum einen schlichte Gewohnheit beziehungsweise das Ergebnis eines langen Lernprozesses. Immerhin liegt das Schwergewicht der Erziehung in unserem Kulturkreis vom ersten Schultag an auf der Entwicklung (zweifellos wichtiger) kognitiver Fähigkeiten: Lesen, Schreiben, Rechnen wird ausgiebig trainiert und bei entsprechenden Erfolgen auch honoriert. Wahrnehmen und Erleben? Kein Thema.

Nach Schätzungen von Experten richten wir für gewöhnlich ca. 90 % unserer Aufmerksamkeit auf den Bereich des Fantasierens-Denkens und nur 10 % auf den des Wahrnehmens-Erlebens.

© Pohl / Sämann 2008

Abb. 2: Bewusstseinsebenen

Gefühle können auch unangenehm sein

Aber es gibt noch einen anderen Grund, warum viele Menschen viel lieber in ihrem Kopf zugange sind als in ihrem Gefühlshaushalt. Das eigene innere Erleben ist ja mitunter gar nicht so erbaulich: Wenn man genau hinschaut, stößt man vielleicht in manchen Situationen auch auf allerhand Unangenehmes oder gar Erschreckendes. Auf Unsicherheit und Scham, auf Ärger und Wut oder auf Aggressivität. Wer nicht weiß, wie er damit umgehen soll, der tritt schnell die Flucht an: zurück aufs sichere Terrain – weg von den Gefühlen, hinein wieder in den Kopf und ins Denken. Die Flucht vor etwas Unangenehmem nennen Psychologen *Vermeidung*. Und wer Gefühle vermeiden will, der zieht sich gerne aufs Denken zurück.

Schade drum. Denn die Kopflastigkeit bedeutet, dass sich das Kommunikationsverhalten zum großen Teil im falschen Feld abspielt.

Natürlich müssen Sie inhaltlich verstehen, was Ihnen Ihr Kollege, Ihr Mitarbeiter oder Ihr Kunde zu sagen hat. Sie müssen Fakten einordnen und Argumente abwägen. Aber das Hirn ist nicht alles. Reale, effektive Kommunikation kommt nur zustande, wenn die Bewusstseinsebene des Wahrnehmens und Erlebens mindestens gleichberechtigt vorhanden ist. Oder anders gesagt: Konzentrieren Sie sich nicht nur auf den *Inhalt* der Kommunikation, weil Sie sonst den *Prozess* der Kommunikation nicht mitbekommen. Und das »Wie«, nämlich der nonverbale Bereich, ist in diesem Prozess eben entscheidender als das »Was«.

Inhalt und Prozess: beides ist wichtig

Raus aus dem Kopf

Von diesem »Wie« allerdings werden Sie nicht allzu viel wahrnehmen, wenn Sie zu sehr an den sprachlichen Inhalten hängen. Dann bekommen Sie die Stimmqualität Ihres Gegenübers nicht mit – und Ihre eigene auch nicht. Sie merken nicht, wenn Ihr Gesprächspartner Sie anstarrt und Sie selbst unter seinem Blick auch ganz starr werden. Vielleicht spüren Sie in manchen Situationen gerade noch ein diffuses Unbehagen; aber das allein reicht nicht aus. Wichtig ist, ganz konkret und differenziert die einzelnen Gefühlsqualitäten zu erkennen.

Ein Beispiel: der räumliche Abstand zu Ihrem Gesprächspartner. Kommt er Ihnen zu nah und fühlen Sie sich eingeengt, oder ist er zu weit weg, so dass Sie das Gefühl haben, Sie erreichen Ihr Gegenüber nicht mehr?

Nicht an den Inhalten kleben

Wenn Sie in der Lage sind, solche Dinge wahrzunehmen, können Sie den Prozess der Kommunikation gestalten (in diesem Fall den Abstand verändern) – und sich selbst dabei wieder wohl fühlen.

Effektive Kommunikation heißt also: immer wieder raus aus dem Kopf, weg vom Denken und hin zum Wahrnehmen und Erleben. Aber bleiben Sie auch dabei, laufen Sie nicht gleich wieder zurück in die Gedankenwelt. Es geht nicht darum, dass Sie ein bestimmtes

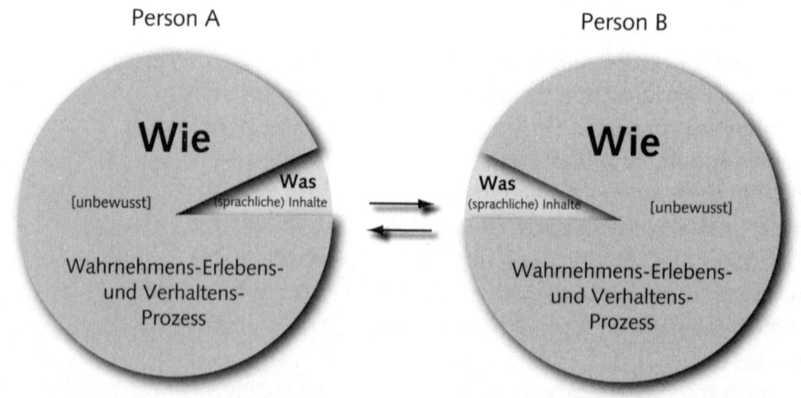

Eine Person erzielt nur 7 % ihrer Wirkung durch das, was sie sagt (Worte, Inhalte) und unglaubliche 93 % durch die Art und Weise, wie sie es sagt (Wahrnehmens-Erlebens- und Verhaltensprozess). Gewöhnlich ist 90 % unserer Aufmerksamkeit bei dem Was der Kommunikation und nur ca. 10 % bei dem Wie, d.h. wir konzentrieren fast unsere ganze Aufmerksamkeit auf einen Bereich, mit dem wir nur 7 % Wirkung erzielen können, und der Bereich mit 93 % Effektivität bleibt weitgehend ausgeklammert und unbewusst!

© Pohl / Sämann 2008

Abb. 3: Das Was und Wie der Kommunikation

Verhalten bei Ihrem Gesprächspartner wahrnehmen und sich postwendend Ihre Gedanken dazu machen: »Der redet ja ganz leise. Mensch, ist der unsicher! Bestimmt hat sein Angebot einen Haken, den er mir verschweigen will.« Effektiv wäre: »Der redet ganz leise, und mir fällt es schwer, ihm zuzuhören. Eigentlich möchte ich ihm aber gerne zuhören. Was kann ich tun, damit mir das leichter fällt?«

In der Realität bleiben

Nur das ist Realität: Was Sie sehen oder hören und die Gefühle, die das bei Ihnen selbst auslöst. Ihre Gedanken, die Sie sich über Ihr Gegenüber machen, sind nichts als Fantasien, solange sie der Andere nicht als richtig bestätigt hat. Solche Fantasien können die Kommunikation sehr belasten.

Wie gesagt: Das alles heißt nicht, dass die sprachlichen Inhalte bedeutungslos wären. Aber es geht darum, der wichtigen, üblicherweise vernachlässigten Ebene des Wahrnehmens und Erlebens deutlich mehr Raum zu geben.

2.4 Rollen- und Kontaktverhalten

Der erste Schritt auf dem Weg zur effektiven Kommunikation ist also, die Wahrnehmung auf der nonverbalen Ebene zu schärfen und eine Bewusstheit über das innere Erleben zu erlangen. Der zweite Schritt ist, dieses innere Erleben zum Ausdruck zu bringen beziehungsweise in eine Handlung umzusetzen.

Nehmen wir an, Sie ärgern sich über einen Kollegen, und Sie äußern diesen Ärger sofort: In diesem Fall ist Ihr Kommunikationsverhalten direkter Persönlichkeitsausdruck und damit *Kontaktverhalten.* Wenn Sie aber ärgerlich sind, diesen Ärger »vermeiden«, vor ihm sozusagen fliehen, weil er Ihnen unangenehm ist – und wenn Sie dann dennoch freundlich tun, dann agieren Sie auf der Ebene des *Rollenverhaltens*. Sie spielen eine Rolle, Sie tun so »als ob«.

Das erste Ziel: Fühlen lernen

Nun geht es nicht in jeder Situation darum, sofort und ungebremst die eigenen Gefühle zu äußern. Das wäre oft weder angebracht noch hilfreich. Wichtig ist jedoch, einen Zugang zum inneren Erleben und den eigenen Emotionen zu bekommen und aufrechtzuerhalten.

Das erste Lernziel auf dem Weg zur effektiven Kommunikation heißt deshalb fühlen lernen – ohne gleich an die Konsequenzen zu denken. Erst wenn Sie diesen Zugang haben, können Sie überlegen, was Sie mit Ihren Emotionen tun, ob und wie Sie Ihr inneres Erleben in Verhalten umsetzen.

Wechseln zwischen den Ebenen

In manchen Situationen kann es wichtig und richtig sein, mit den Gefühlen herauszurücken (Kontaktverhalten), in anderen ist es vielleicht besser, dies nicht zu tun und die Gefühle bewusst im Hintergrund zu halten (bewusstes Rollenverhalten). Ineffektiv ist aber, wenn Sie in Ihrem Kommunikationsverhalten immer und ganz automatisch auf die Rollenebene rutschen und dort bleiben. Sie entledigen sich damit selbst Ihres inneren Erlebens mit der Folge, dass der Zugang dazu irgendwann gänzlich fehlen wird.

Für eine effektive Kommunikation brauchen Sie die Bewusstheit, wann Sie auf einer Rollenebene kommunizieren und wann Sie auf der Kontaktebene sind. Erst wenn Sie diese Bewusstheit haben, haben Sie auch die Wahlfreiheit, zwischen den beiden Ebenen je nach den Anforderungen der Situation hin und her zu wechseln.

Ein Beispiel: Sie sitzen in einer Team-Besprechung, in der es hoch hergeht. Sie haben Ihre Vorstellungen vom weiteren Verlauf eines Projekts, andere Teilnehmer haben andere Pläne. Ein Kollege fegt Ihre Argumente immer wieder vom Tisch, ohne sich überhaupt die Mühe zu machen, genau zuzuhören. Wenn Sie jetzt auf die Ebene Ihres inneren Erlebens gehen, dann spüren Sie vermutlich starken Ärger oder sogar Aggressionen gegenüber Ihrem Kollegen. Wie finden Sie das? Freuen Sie sich über Ihre heftigen Gefühle oder wünschen Sie sie eher auf den Mond?

Letzteres vermutlich. Den meisten Menschen sind solche Emotionen eher unbehaglich: Schließlich sollte »man« doch im beruflichen Alltag stets cool, gelassen und sachlich sein – oder nicht? Also nichts wie weg von den scheinbar unpassenden Emotionen: Den Ärger und die Aggression möchten viele Menschen am liebsten gar nicht spüren. Stattdessen spulen sie ein halbwegs sachliches Verhalten ab der Marke »In-Teamsitzungen-hat-man-höflich-zu-sein.« Das ist ein Rollenverhalten, das auf Vermeidung beruht: auf der Vermeidung von auf den ersten Blick unangenehmen Gefühlen.

Innere Wahlfreiheit

Die Vielfalt im Inneren spüren

Es gibt eine Alternative zur Vermeidung: Sie bleiben bei Ihrem inneren Erleben, spüren und akzeptieren den Ärger und die Aggression – Teamsitzung hin oder her. Und dann schauen Sie nach, was sich in Ihrem Innenleben sonst noch so findet. Vermutlich entdecken Sie dort neben dem Wunsch, Ihrem Kollegen an den Kragen zu gehen, auch Ihr Bedürfnis, die Teamsitzung zu einem sachlich befriedigenden Ergebnis zu führen.

Diese unterschiedlichen Gefühle und Interessen müssen Sie spüren lernen. Und mit der Klarheit darüber können Sie dann eine bewusste Entscheidung treffen: Ob Sie den Ärger über das Verhalten Ihres Kollegen offen ausdrücken wollen oder ob Sie es im Moment nicht tun, weil das vielleicht den Rahmen der Teamsitzung sprengen würde. Sie verdrängen in diesem Fall Ihre Gefühle nicht, sondern Sie stellen sie nur in den Hintergrund – und etwas anderes in den Vordergrund: Ihren Wunsch, in der Sache möglichst schnell zu einer Lösung zu kommen. Den Kollegen werden Sie später außerhalb der Besprechung mit Ihrem Ärger konfrontieren. Das ist dann kein aufgesetztes scheinfreundliches (Rollen-)Verhalten, eher vielleicht ein vernünftiges.

Akteur sein statt Opfer

Nun könnte man fragen: Wo ist der Unterschied? Das Verhalten ist doch in beiden Fällen letztlich das Gleiche, oder nicht? Es ist bei weitem nicht das Gleiche.

Im ersten Fall, wenn Sie Ihre Gefühle möglichst rasch als etwas Unangenehmes oder sozial nicht Erwünschtes beiseite schieben und die Flucht davor ergreifen, werden Sie Opfer von eben dieser Vermeidung. Ihr Verhalten ist ein aufgesetztes Rollen-Repertoire, das mit Ihrer Persönlichkeit nicht viel zu tun hat.

Im zweiten Fall dagegen sind Sie nicht Opfer, sondern Akteur: Wenn Sie den Ärger und die Aggression wahrnehmen und akzeptieren, aber auch Ihr Bedürfnis nach einer sachlichen Lösung der Situation, dann treffen Sie für Ihr Kommunikationsverhalten eine bewusste Entscheidung.

Selbst wenn dieses Verhalten auf den ersten Blick wie Rollenverhalten aussehen mag, so hat es doch eine völlig andere Qualität: Es ist frei gewählt, es kommt aus Ihrer inneren Quelle, es ist Persönlichkeitsausdruck – und damit effektiv und überzeugend. Und ganz nebenbei: Selbst wenn Sie Ihren Ärger in den Hintergrund stellen – allein der Zugang zu diesem Gefühl wird schon etwas verändern. Sie werden, um bei unserem Beispiel von vorhin zu bleiben, in der Teamsitzung gegenüber Ihrem

Kollegen fester und bestimmter auftreten, auch ohne ihn direkt anzugreifen.

Womit wir bei der Praxis wären, um die es jetzt in den folgenden Kapiteln gehen wird: um das Erlernen und das Trainieren der persönlichen Grundfertigkeiten, die Sie brauchen, um Kommunikationssituationen effektiv gestalten zu können.

3. So werden Sie selbst-bewusst

Wie Sie Ihre Selbstwahrnehmung schulen

Für eine effektive Kommunikation brauchen Sie zunächst eine ordentliche Portion von dem, was die Humanistische Psychologie *Selbstbewusstheit* nennt. Das ist etwas anderes als das, was üblicherweise unter dem Begriff Selbstbewusst*sein* verstanden wird. Gemeint ist hier vielmehr ein *achtsames, aufmerksames Erleben Ihrer selbst*: Ihrer inneren Realität und Ihres äußeren Verhaltens, aber auch Ihrer Ziele oder Bedürfnisse in der jeweiligen Kommunikationssituation.

In diesem Sinne selbst-bewusst werden Sie, wenn Sie Ihre *Selbstwahrnehmung* in verschiedenen Bereichen schulen und schärfen.

3.1 Die eigene Körpersprache erkennen und verstehen

Wir sagten es bereits: Nur ein kleiner Teil der Kommunikation läuft über die inhaltliche Ebene, über das »*Was*«, mehr als 90 Prozent hingegen über die nonverbale Ebene, über das »*Wie*«. Das macht den Großteil der Wirkung auf andere aus. Wenn Sie effektiv kommunizieren wollen, sollten Sie sich also an erster Stelle mit dem eigenen »Wie« beschäftigen.

Klarheit über das eigene »Wie«

Das heißt, Sie brauchen die Fähigkeit, Ihre Körpersprache wahrzunehmen: das Blickverhalten, die Stimme, die Gestik, die Körperhaltung. Achten Sie darauf, was Sie während eines Gesprächs oder Kontakts mit Ihren Augen, Händen oder Füßen anstellen. Starren Sie Ihrem Gesprächspartner konsequent auf die Krawatte? Sprechen Sie mit lauter oder leiser Stimme? Wippen Sie mit den Füßen, ballen Sie unter dem Tisch eine Hand zur Faust oder pressen Sie die Lippen zusammen?

Den meisten Menschen ist ihre Körpersprache nicht bewusst. Wenn Sie Ihre Wahrnehmung in diesem Bereich schulen, können Sie die Signale erkennen, die Sie aussenden.

Das Gefühl hinter dem Verhalten

Die eigene Körpersprache wahrzunehmen ist aber nur der erste Schritt. Der zweite ist mindestens genauso wichtig. Denn hinter jedem körperlichen Ausdruck steckt ein Gefühl, und dem müssen Sie auf die Spur kommen, wenn Sie Ihre Körpersprache nicht nur erkennen, sondern auch *verstehen* wollen. Der äußere Ausdruck ist kein isolierter (und auch kein isolierbarer) Kommunikationsfaktor, sondern immer ein Hinweis auf das innere Erleben. Dieses wiederum ist höchst individuell, subjektiv und außerdem situationsabhängig, weshalb nur Sie selbst für sich beantworten können, was Ihre Körpersprache in eben diesem Moment ausdrückt.

Gleiches Verhalten, verschiedene Bedeutungen

Nehmen wir zum Beispiel die geballte Faust: Es kann sein, dass das Gefühl dahinter Ärger ist. Es kann aber auch sein, dass die geballte Faust der Ausdruck dessen ist, dass Sie gerade Kraft oder Energie spüren. Verschränkte Arme können das Gefühl ausdrücken, dass Sie sich Ihrem Gesprächspartner gegenüber verschließen wollen. Es kann aber genauso gut sein, dass dies eine Haltung ist, die Sie als unterstützend empfinden, die Ihnen Sicherheit gibt.

Dieser enge Zusammenhang mit dem subjektiven inneren Erleben ist der Grund, weshalb es wenig Sinn macht, sich ausschließlich mit der äußeren Wirkung der eigenen Körpersprache zu beschäftigen. Und aus dem gleichen Grund ist es wenig nutzbringend, die Körpersprache des Gesprächspartners zu deuten. Sie können in den Gefühlshaushalt Ihres Gegenübers nicht hineinschauen. In den eigenen schon, und das lohnt sich wirklich.

»Falsche« und »richtige« Gesten gibt es nicht

Noch etwas: Bewerten Sie Ihre Körpersprache nicht, es gibt keine »richtigen« und »falschen« Gesten. Die Körpersprache ist immer »richtig«: weil sie ein wertvoller Hinweis darauf ist, was im Inneren vor sich geht. Erschrecken Sie also nicht, wenn Sie mitten im nächsten wichtigen Gespräch feststellen, dass Sie mit geballten Fäusten dasitzen. Spüren Sie einfach nach, welches Gefühl dahinter steckt. Vielleicht der Wille und die Energie, die Situation erfolgreich zu meistern? Das wird

Ihnen Auftrieb geben. Wenn Sie die Hand rasch wieder aufmachen (vielleicht aus Angst, Ihr Gesprächspartner könnte Sie für aggressiv halten), dann schneiden Sie sich womöglich vorschnell von Ihrem inneren Erleben ab.

3.2 Handlungsimpulse wahrnehmen

Zwischen den beiden Polen äußeres Verhalten und inneres Erleben, das die Quelle für das Verhalten ist, steckt noch ein dritter wichtiger Faktor: der vermittelnde Handlungsimpuls, das Bindeglied zwischen den beiden.

Das Bindeglied zwischen Innen und Außen

Bleiben wir bei dem Beispiel aus dem vorangegangenen Kapitel: bei der Teambesprechung. Stellen Sie sich noch einmal vor, wie Sie Ihre Argumente vorbringen und wie ein Kollege alles tut, um Sie unterzubuttern. Das Gefühl, das sich daraufhin in Ihnen breit macht, ist vermutlich Ärger oder sogar Wut. Und der Handlungsimpuls, den Sie verspüren? Vielleicht würden Sie gerne heftig auf den Tisch hauen und diesem Menschen ordentlich die Meinung sagen.

Das tun Sie wahrscheinlich nicht; Sie werden vermutlich versuchen, trotz Ihres Ärgers sachlich zu bleiben. Aber der ursprüngliche Handlungsimpuls (oder auch der Versuch, ihn zu kontrollieren) wird sich dennoch auf die eine oder andere Weise in Ihrer Körpersprache niederschlagen: Möglicherweise ballen Sie die Hand zur Faust, statt auf den Tisch zu hauen, oder Ihre Stimme wird laut. Vielleicht spannt sich aber auch Ihr Gesicht an oder Ihr Kiefer, weil Sie vor Ärger mit den Zähnen knirschen oder den Mund zusammenpressen, damit Ihnen Ihr Unwillen nicht über die Lippen kommt.

Probieren Sie es aus: Wenn Sie erst einmal angefangen haben, darauf zu achten, werden Sie in vielen Situationen die Abfolge Gefühl – Handlungsimpuls – äußeres Verhalten nachvollziehen können. Und vermutlich manche geballte Faust entdecken, die Ihnen bisher gar nicht bewusst war. Die Handlungsimpulse drücken sich auf genau diese Weise in der Körpersprache aus: in einer Art rudimentärem, »steckengebliebenem«, aber gleichwohl beobachtbarem Verhalten. *Diese kleinen Gesten*, die Ihnen selbst vielleicht gar nicht bewusst sind, wirken auf Ihren Gesprächspartner und *bestimmen einen Großteil der Kommunikation* – selbst wenn auch Ihr Gegenüber sie nur unbewusst wahrnimmt.

3.3 Bedürfnisse klären

Je klarer die Ziele, desto erfolgreicher wird die Kommunikation

Selbstbewusstheit ist nicht nur wichtig in Sachen Gefühle und Körpersprache. Notwendig ist auch Klarheit über die persönlichen Bedürfnisse, die Interessen, die Ziele in der konkreten Kommunikationssituation. Was wollen Sie? Je genauer Sie sich Ihre Bedürfnisse und Ziele bewusst machen, desto eindeutiger und effektiver wird Ihre Kommunikation, und desto erfolgreicher werden Sie damit sein. Umgekehrt: Wenn Sie diese Klarheit nicht haben, sind Sie verloren – effektive Kommunikation ist nicht möglich, wenn der rote Faden fehlt.

Je klarer und bewusster die Bedürfnisse sind, desto konkreter können Sie sie äußern, und desto größer ist die Chance, dass Sie bekommen, was Sie brauchen. Denn auch Ihr Gegenüber hat es wesentlich leichter, wenn er genau weiß, was Sie wollen. (Und in manchen Fällen vielleicht auch schwerer: Denn einem Menschen, der seine Bedürfnisse klar äußert, kann man nicht so leicht ausweichen.)

Wenn Ihnen zum Beispiel ein Mitarbeiter oder Kollege einfach »unfähig« vorkommt, und wenn Sie denken, »mit dem kann man ja nicht zusammenarbeiten«, dann sind Sie vermutlich schon weggegangen von der konkreten Bedürfnisebene. Welche Arbeiten erledigt er nicht zu Ihrer Zufriedenheit? Welches Verhalten löst bei Ihnen welche Gefühle aus? Was genau wollen Sie in der Beziehung zu diesem Mitarbeiter oder Kollegen?

Konkret und persönlich formulieren

Formulieren Sie Ihre Bedürfnisse positiv, konkret, persönlich und situationsbezogen – wenn das nicht gelingt, ist der innere Klärungsprozess noch nicht weit genug gediehen. Dann haben Sie in diesem Bereich noch nicht genügend Selbstbewusstheit, um effektiv kommunizieren zu können. Sätze wie »In diesem Team wird immer bloß hintenherum geredet. Das müsste anders laufen.« sind Ausdruck solcher Unklarheiten. Was genau wollen Sie? Vielleicht dies: »Ich möchte, dass Sie, Frau XY, gleich mit mir selber sprechen, wenn Sie Kritik an meiner Arbeit haben, und nicht mit jemand anderem aus dem Team.«

Bedürfnisse haben zwei Seiten: Mangel und Kraft

Das Wegkommen von solch einem allgemeinen diffusen Gefühl der Unzufriedenheit hin zu einem konkreten »Ich will« ist ein Prozess, der in manchen Fällen recht langwierig und arbeitsintensiv werden kann. Vielleicht brauchen Sie in verzwickten Angelegenheiten, in festgefahrenen Situationen oder Beziehungen sogar die Unterstützung eines Kollegen oder Freundes, um gemeinsam im Gespräch Ihr konkretes Bedürfnis ans Tageslicht zu befördern.

Aber die Mühe lohnt sich. Bedürfnisse haben nämlich immer zwei Aspekte: Einmal das Gefühl des Mangels (»Mir fehlt...«) und andererseits ein Erleben von Kraft (»Ich will...«). Diese Kraft ist bestrebt, den Mangel zu beheben und das Bedürfnis zu erfüllen. Sie wird im gerade geschilderten Fall zum Beispiel der Ansporn sein, um auf die Teamkollegin zuzugehen und sie auf ihr Verhalten anzusprechen.

3.4 Die Bewusstseinsebene wählen

Wo ist der Schwerpunkt der Aufmerksamkeit?

Fehlt noch ein letzter Bereich, auf den Sie Ihre Selbstwahrnehmung richten sollten: nämlich die beiden Ebenen, von denen schon ausführlich die Rede war – die Ebene des Wahrnehmens und Erlebens beziehungsweise die Ebene des Denkens und Fantasierens.

Achten Sie immer wieder darauf, auf welcher Ebene Sie sich gerade befinden. Wo ist der Schwerpunkt der Aufmerksamkeit: beim Sehen, Hören und Fühlen oder beim Denken, Fantasieren, Interpretieren? Werden beide Ebenen berücksichtigt? Wechseln Sie hin und her oder bleiben Sie auf der Kopf-Ebene hängen und verpassen so die wichtigen anderen Informationen, die Sie nur auf der

Ebene des Wahrnehmens und Erlebens bekommen können? Nur wenn Sie merken, an welcher Ecke des Feldes Sie sich gerade befinden, können Sie den notwendigen Wechsel zwischen den beiden Ebenen steuern.

3.5 Ein Fall aus dem Alltag

Die fehlende Selbstbewusstheit ist oft Ursache für unbefriedigende Situationen im Alltag, wie sich in Seminaren zum Thema effektive Kommunikation immer wieder zeigt. Ein solches Beispiel möchten wir hier schildern, wobei (wie auch bei allen noch folgenden Fallbeispielen in diesem Buch) Name und berufliche Branche geändert wurden.

Die Sachbearbeiterin Annette M. steckt bis zum Hals in Arbeit. Der Schreibtisch ist voll, neue Vorgänge können erst in ein paar Tagen erledigt werden. Das wissen die Kollegen, die aber trotzdem immer wieder nachfragen, die Dringlichkeit ihres Anliegens schildern und Annette M. damit Zeit rauben. Sie wünscht sich, in solchen Fällen ihr Bedürfnis nach ungestörter Arbeit konsequenter zum Ausdruck bringen zu können.

Im Seminar wird die Situation nachgespielt, der Trainer beobachtet das nonverbale Verhalten von Annette M. Die verblüffende Erkenntnis für sie: Obwohl ihr die Unterbrechungen eigentlich zuwider sind, begrüßt sie alle »Störenfriede« mit wohlwollendem Nicken, freundlichem Blick und einladenden Gesten. Dieses Verhalten war ihr bislang nicht bewusst. Kein Wunder, dass sich die Kollegen gerne und immer wieder in ihrem Büro breit machen. Sie probiert im Rollenspiel, mit den Kollegen ohne einladende Gesten zu sprechen – und hat prompt ein Problem: Annette M. empfindet sich so als unfreundlich und unhöflich.

Weil sie gerne freundlich und höflich sein möchte, signalisiert sie auf der nonverbalen Ebene ein einladendes »Ja« – und ihr eigentliches Bedürfnis in der konkreten Situation (sie möchte ja ungestört arbeiten können) verschwindet aus dem Bewusstsein.

Zumal Annette M. bereitwillig auch in eine andere Falle tappt. »Werfen Sie doch mal kurz einen Blick in diese Unterlagen«, sagt der Kollege. Die höfliche Frau M. tut es – und ist damit für eine ganze Weile auf der inhaltlichen Ebene gefangen, wodurch sie erstens ihr Ziel aus dem Blickfeld verliert und zweitens das Geschehen in der Beziehung zu ihrem Kollegen.

Für Annette M. geht es jetzt in der Übungssituation im Seminar darum, ihr Bedürfnis konsequent ernst zu nehmen. Im Rollenspiel mit anderen Teilnehmern übt sie das neue Verhalten, das daraus entsteht: Sie lässt die einladenden Gesten weg, wenn ihr nicht nach Einladen zumute ist. Und sie achtet darauf, dass sie sich nicht mehr auf dem Umweg über die Sachebene in ein Gespräch ziehen lässt, das sie gar nicht haben will.

3.6 Persönliche Präsenz

Ganz da sein in der Situation

Selbstbewusstheit auf den unterschiedlichen Feldern, die in diesem Kapitel angesprochen wurden, ist eine der wichtigsten Grundfähigkeiten der effektiven Kommunikation.

Fassen wir zusammen: Dazu gehört das Wahrnehmen der eigenen Körpersprache und der eigenen Gefühle, die die Quelle des äußeren Verhaltens sind. Weiter gehört dazu die Klarheit über die eigenen Bedürfnisse und Ziele. Und schließlich ist es wichtig, die Kommunikationsebene zu erkennen, auf der Sie sich jeweils befinden – Wahrnehmen und Erleben oder Denken und Fantasieren.

Wenn Sie sich Ihrer selbst in diesen Bereichen bewusst sind, dann haben Sie schon einen sehr großen Schritt getan in Richtung effektive Kommunikation. Dann verfügen Sie über das, was wir in diesem Buch »persönliche Präsenz« nennen werden: Sie sind ganz *da* in der jeweiligen Kommunikationssituation – mit allen Anteilen Ihrer Persönlichkeit, mit allen Sinnen. Diese Wachheit brauchen Sie auch für die Wahrnehmung Ihres Gegenübers, mit der sich das nächste Kapitel befasst.

4. Schubladen brauchen Sie nicht

Fremdwahrnehmung ohne Interpretation

Der Zugang zum eigenen Selbst (zur inneren Realität) ist nur die eine Seite der Medaille. Die zweite Seite ist die Fremdwahrnehmung, die Wahrnehmung Ihres Gegenübers (äußere Realität). Und hier geht es wieder darum, die Aufmerksamkeit nicht nur auf die Inhalte der Kommunikation zu legen, sondern ebenso auf das »Wie«: Machen Sie also Augen und Ohren auf.

4.1 Der Etiketten-Schwindel

Signale wahrnehmen ohne zu deuten

Es ist schon anstrengend genug, das nonverbale Verhalten zusätzlich zu den sprachlichen Inhalten aufzunehmen. Und dennoch kommt noch eine zweite Aufgabe hinzu, wenn Sie effektiv kommunizieren wollen: Die Signale der »Wie«-Ebene sollten Sie nach Möglichkeit einfach nur wahrnehmen – ohne sie zu deuten und ohne den Menschen, von dem sie kommen, zu interpretieren und zu bewerten.

Das ist schwer, zugegeben. Wir alle haben Schubladen, in denen Menschen stecken, die sich auf eine bestimmte Weise uns gegenüber verhalten haben, und denen wir irgendwann unsere Etiketten verpasst haben: »Der ist ein Choleriker«, »Die ist schwierig, mit der kann man nicht vernünftig reden«.

Wahrzunehmen ohne zu interpretieren heißt dagegen, den Anderen zu sehen und zu hören, ohne ihn in eine Schublade zu packen. Sobald Sie interpretieren, bewegen Sie sich auf der Ebene des Denkens und nicht mehr auf der Ebene des Wahrnehmens und Erlebens. Dann gehen Sie weg von der realen Situation und hinein in eine Fantasiewelt, die mit der konkreten Kommunikation in gerade diesem Augenblick nichts mehr zu tun hat.

Versuchen Sie, sich von diesen Etiketten zu verabschieden. Wenn Sie wegkommen vom Interpretieren, entlasten Sie erstens Ihren Kopf und können viel eher auf der Wahrnehmensebene bleiben. Und zweitens entlasten Sie auch die Beziehung zu Ihrem Gegenüber, weil Sie ihn so sehen, wie er ist, und nicht so, wie Sie denken, dass er sein könnte.

Von seltsamen Typen und unnützen Regeln

Leider bauen ganze Erklärungsmodelle für die Berufswelt auf genau diesen Interpretationen auf. Da werden Chefs, Kollegen, Kunden und der Rest der Menschheit immer wieder in »Persönlichkeitstypen« gepackt: Wer sich auf eine bestimmte Weise verhält, der ist ein »dominanter« Typ, ein »cholerischer«, ein »extrovertierter« oder ein »introvertierter« oder etwas ganz Anderes. Und für jede Schublade gibt es dann einen ganzen Werkzeugkasten an Verhaltensmaßregeln, wie zum Beispiel mit einem dominanten Chef umzugehen ist.

Diese Konzepte haben allesamt einen Kardinalfehler: Sie führen weg von der konkreten Kommunikationssituation und machen unflexibel. Niemand ist rund um die Uhr und in jeder Situation dominant oder cholerisch. Es gibt also auch keine Standardbehandlungen für Menschentypen. Die Versuche, solche zu konstruieren, sind das genaue Gegenteil von effektiver Kommunikation. Frank Staemmler, ein bekannter Psychologe, sagt es so: »Etiketten sind für Flaschen, nicht für Menschen.«

4.2 Fühlen statt Interpretieren

Vergessen Sie die Schubladen und bleiben Sie im Hier und Jetzt, in der aktuellen, realen Kommunikationssituation.

Angenommen, Sie haben einen Kollegen, dessen Verhalten Sie irritiert. Er grüßt morgens nur kurz, schaut Sie kaum an und verschwindet eiligst hinter seinem Schreibtisch, ohne sich auf Ihr freundliches Smalltalk-Angebot einzulassen. Kurzum: Er macht auf Sie einen eher mürrischen Eindruck. Was tun Sie, wenn Ihnen das öfter passiert? Hand aufs Herz: Sie werden irgendwann denken, »der hat was gegen mich«. Und schon sitzen Sie in der Interpretationsfalle. Denn wahrscheinlich richten

Sie jetzt Ihr eigenes Verhalten nach dieser Interpretation. Vielleicht sind Sie auch kurz angebunden, vielleicht gehen Sie diesem Kollegen aus dem Weg, vielleicht fangen Sie an, ihn unsympathisch zu finden. Damit reagieren Sie aber jetzt nicht mehr auf den Menschen, sondern auf Ihre eigenen Fantasien über ihn und sein Verhalten.

Wie sähe das Ganze aus, wenn Sie stattdessen mit interpretationsfreier Fremdwahrnehmung an die Sache herangingen?

Es geht auch anders: Reale Kommunikation

In dem Fall nehmen Sie wahr, dass Ihr Kollege morgens nicht lächelt, dass er kaum Blickkontakt hält und dass er wortkarg ist. Nun gut. Sie unterstellen dem Mann jetzt aber nicht, dass er mürrisch ist oder gar etwas gegen Sie hat. Sondern Sie sehen bei Ihrem Kollegen ein ganz bestimmtes Verhalten (Fremdwahrnehmung) und schauen dann nach Ihrem inneren Erleben (Selbstwahrnehmung). Ihre Gefühlsreaktion auf das Verhalten Ihres Kollegen ist: Sie fühlen sich irritiert und verunsichert. So bei den eigenen Gefühlen zu bleiben, ist etwas völlig anderes, als Mutmaßungen über den Grund des Verhaltens eines anderen Menschen anzustellen und sich irgendeine Erklärung dafür zu basteln.

Ihre Wahrnehmungen und Gefühle (»Sie reden gar nicht mit mir. Das irritiert mich. Ist etwas vorgefallen?«) können Sie dem Kollegen mitteilen. In aller Regel werden Sie dann erfahren, was es mit seinem Verhalten auf sich hat. Das ist reale Kommunikation.

Rückkopplung auf das innere Erleben

Dieses Beispiel zeigt auch, dass Fremdwahrnehmung ohne die Selbstbewusstheit, also ohne die Rückkopplung auf das innere Erleben, nur eine halbe Sache sein kann. Denn natürlich löst (fast) alles, was Sie sehen und hören, Gefühle bei Ihnen aus. Wichtig ist aber, dass Sie für diese Gefühle *selbst die Verantwortung übernehmen* und sie nicht postwendend wieder dem Anderen in die Schuhe schieben.

Wenn Sie aufhören zu interpretieren, werden Sie auch nicht mehr versuchen wollen, den Anderen zu manipulieren. Sondern Sie werden versuchen, an Ihrem inneren Erleben zu arbeiten – was in jedem Fall Erfolg versprechender ist. Wenn Ihre Gefühlsreaktion auf ein bestimmtes Verhalten des Gegenübers Langeweile ist, dann werden Sie schauen, wie Sie sich unterstützen können, um aus diesem Gefühl wieder herauszukommen. Sie werden aber nicht mehr Ihren Gesprächspartner als Langweiler titulieren.

Sicherheit aus dem Bauch

Wahrnehmen ohne zu interpretieren, ohne den Gesprächspartner in Schubladen zu stecken, ist einer der schwierigsten, aber auch einer der wichtigsten Faktoren in jeder Kommunikation. Wenn Sie interpretieren und fantasieren, nehmen Sie die Menschen und die Welt nicht in ihrem realen Zustand war, sondern auf eine verzerrte Weise. Lassen Sie die Interpretation weg, bleibt etwas anderes: Ihre Gefühlsreaktion und Ihr Interesse. Dann sehen Sie nicht und denken sich Ihr Teil über den Anderen, sondern Sie sehen und fragen: Was ist mit ihm los?

Gefühle als Grundlage der Handlungen

Die weitaus bessere Alternative zum Interpretieren ist Fühlen: Was nehmen Sie wahr, welche Gefühle werden dadurch ausgelöst, mit welchen Emotionen antworten Sie? Wenn Sie Übung haben mit dieser Art von Wahrnehmung, bekommen Sie mit der Zeit so viel Vertrauen in Ihre unterschiedlichen Gefühle, dass Sie sich auf sie als Grundlage Ihrer Handlungen verlassen können.

Ob Sie Ihre Handlungsimpulse dann eins zu eins umsetzen, ist eine andere Frage – die lässt sich nur aus der konkreten Situation heraus beantworten. In jedem Fall aber müssen Sie Ihre Sicherheit nicht mehr in theoretischen Konzepten, Kategorien oder Fantasien über die andere Person suchen. Diese Sicherheit kommt nicht aus dem Kopf, sondern aus dem Bauch. Oder wie wir es vorher schon genannt haben: aus Ihrer inneren Mitte.

4.3 Trainingseinheit: Selbstwahrnehmung und Fremdwahrnehmung

Mit der folgenden Übung können Sie einen Eindruck davon bekommen, welche erweiterten Perspektiven eine geschulte Selbst- und Fremdwahrnehmung verschafft. Nehmen Sie sich dafür ein bisschen Zeit und üben Sie nicht, wenn Sie sich im Stress und unter Druck fühlen: Wenn Sie mit innerer Ruhe herangehen, werden Sie davon mehr profitieren.

Teil A:

Den ersten Teil der Übung machen Sie allein – in Ihrer Wohnung oder in einem anderen Raum, in dem Sie ungestört sind.

- Setzen Sie sich auf einen Stuhl oder in einen Sessel, atmen Sie bewusst und beschreiben Sie dann für sich selbst, was Sie in Ihrer Umgebung sehen: die Möbel, die anderen Gegenstände, die Farben, vielleicht den Staub, der im einfallenden Sonnenlicht flimmert. Beschreiben Sie auch die Geräusche, die Sie möglicherweise hören.

Was sehen Sie? Was hören Sie? Was fühlen Sie?

- Und beschreiben Sie dann, was Sie in sich spüren: die Spannung in Ihrem Körper (Wo sitzt sie? In den Beinen, in der Schulterpartie, im Gesicht oder woanders?) und auch die Gefühle, die aufkommen. Fühlen Sie sich unruhig, vielleicht ein bisschen ratlos und unsicher, amüsiert oder gelangweilt?
- Spüren Sie vielleicht den Impuls, aufzustehen und herumzulaufen? Tun Sie das – und schauen Sie nach, ob und wie sich Ihre Gefühle dabei verändern. Lässt die Unruhe nach, amüsieren Sie sich jetzt noch mehr? Am besten wechseln Sie bei dieser Übung ab zwischen den Sätzen »Ich sehe/höre« und »Ich fühle«.

Was verändert sich durch die Bewegung?

- Vermutlich werden Sie gar nicht lange beim Sehen, Hören und Fühlen bleiben, sondern immer wieder ins Denken kommen: Vielleicht überlegen Sie, wie lange Sie die Übung noch weitermachen sollen. Oder Sie sehen die Wanduhr und denken, dass es schon viel später ist, als Sie eigentlich glaubten. Oder Sie denken darüber nach, wozu diese Übung eigentlich gut sein soll. Machen Sie sich nichts daraus, wenn Sie immer wieder in die Gedankenwelt abgleiten – nehmen Sie es einfach zur Kenntnis und gehen Sie dann wieder auf die Ebene des Sehens, Hörens und Fühlens.

Teil B:

Für den zweiten Teil der Übung suchen Sie sich einen belebten Ort: Setzen Sie sich zum Beispiel in ein Café.

- Sehen Sie sich die anderen Menschen an, die an diesem Ort sind. Hören Sie hin: Wird da geschimpft, gelacht, geflüstert, gehustet?

Sehen, Hören und Fühlen in der Begegnung mit anderen Menschen

- Bei welchen Personen spüren Sie Interesse, wo fühlen Sie sich angezogen, und umgekehrt: Wo spüren Sie Gleichgültigkeit oder gar Widerwillen?
- Versuchen Sie auch herauszufinden, was konkret die angenehmen oder unangenehmen Gefühle bei Ihnen auslöst: Ist es das Aussehen der anderen Menschen, die Stimme, der Blick, die Körperhaltung oder vielleicht die Art und Weise, wie sie miteinander umgehen?
- Bleiben Sie so lange wie möglich auf der Ebene des Wahrnehmens und Erlebens – aber beobachten Sie auch, wann Sie auf die Ebene des Denkens und Fantasierens gehen. Ob und wie Sie Menschen zum Beispiel in bestimmte Schubladen einsortieren (»Karrierefrau«, »Angebertyp«, »Spießer«) oder bewerten (»benimmt sich affig«, »ist schlecht erzogen«).
- Wenn Sie interpretieren oder bewerten, dann machen Sie sich wieder die Mühe, genau hinzuschauen. Worauf genau reagieren Sie mit Ablehnung oder Unmut, und was genau löst das bei Ihnen aus: Fühlen Sie sich durchbohrt von einem starren Blick, tun Ihnen die Ohren weh von einer schrillen Stimme oder widert Sie das Gekleckse der Kinder am Nebentisch an, die die Schlagsahne auf Tisch und Stühle verteilen?

Der Sinn dieser beiden Übungen ist folgender: Sie schulen zum einen Ihre Selbst- und Fremdwahrnehmung. Zum anderen üben Sie, die beiden Ebenen des Wahrnehmens/Erlebens einerseits und des Denkens/Fantasierens andererseits zu erkennen. Und Sie werden auch lernen, bewusst zwischen den beiden Ebenen hin und her zu wechseln. Wenn Sie das Verhalten Ihrer Mitmenschen interpretieren, sind Sie auf der Ebene des Fantasierens und Denkens und haben sich von der realen Situation verabschiedet. Wichtig für eine effektive Kommunikation ist es, das zu bemerken und zu stoppen: also wegzugehen vom Interpretieren und wieder hinein ins Wahrnehmen und Erleben.

Vielleicht klappt das anfangs noch nicht ganz so gut. Das macht nichts: Probieren Sie es wieder und wieder; Sie werden merken, wie Sie mit der Zeit sicherer darin werden. Und je besser Sie es können, desto weniger werden Sie auf der Kopfebene hängen bleiben, desto mehr werden Sie vom »Wie« der Kommunikation mitbekommen – und umso effektiver werden Sie kommunizieren.

Sind Sie aktiv oder reaktiv?

Verschiedene Schwerpunkte der Fremdwahrnehmung

Noch eine letzte Anmerkung zum Thema Fremdwahrnehmung im Alltag. Diese fällt unterschiedlich aus, je nachdem, ob Sie in einer Kommunikationssituation aktiv mit einem Bedürfnis auf Ihren Gesprächspartner zugehen oder ob Sie reaktiv das aufnehmen, was Ihnen entgegengebracht wird.

Wenn Sie selbst der aktive Partner sind, wird sich Ihre Fremdwahrnehmung vor allem auf den Aspekt richten, ob und wie weit Ihr Gegenüber auf Ihre Wünsche eingeht, ob also Ihr Bedürfnis erfüllt wird. Wenn Sie der reaktive Partner sind, ist Ihre Fremdwahrnehmung sehr viel offener, weil keines Ihrer eigenen Bedürfnisse im Vordergrund steht.

Ein Beispiel: Wenn Sie in einer Teamsitzung ein eigenes Anliegen einbringen, vielleicht einen Vorschlag zur Änderung des Arbeitsablaufs, dann wird sich Ihre Fremdwahrnehmung in der Sitzung vor allem auf Eines konzentrieren: Wie nehmen die Kollegen Ihre Wünsche auf? Gehen sie darauf ein?

Wenn Sie stattdessen ohne ein eigenes Anliegen in die Teamsitzung gehen, dann sind Sie offen für das, was die anderen einbringen. Unabhängig von Ihren eigenen Bedürfnissen werden Sie sich eher für das interessieren, was Ihre Kollegen wollen, und schließlich darauf reagieren. Ihre Fremdwahrnehmung ist dann breiter, weniger selektiv. Ein Unterschied, auf den es sich zu achten lohnt. Mehr zu diesen beiden Grundhaltungen in der Kommunikation gibt es im folgenden Kapitel, das sich mit der Dialogfähigkeit befasst.

5. Fruchtbare Dialoge führen

Positive Beziehungsgestaltung und was dazugehört

Bei den Grundfähigkeiten, die Sie für eine effektive Kommunikation brauchen, war bisher die Rede von der Selbstwahrnehmung (innere Welt) und der Fremdwahrnehmung (äußere Welt). Die dritte Grundkompetenz ist die Dialogfähigkeit. Hier geht es erstens darum, die Fähigkeit zur Selbst- und Fremdwahrnehmung im Dialog über einen längeren Zeitraum hinweg aufrechtzuerhalten. Und es geht zweitens darum, das Wahrgenommene und Erlebte *zum Ausdruck zu bringen*.

Damit ist nicht allein die sprachliche Ebene gemeint. Auch auf der Wie-Ebene gibt es jede Menge Ausdrucksformen und -möglichkeiten: körperliche Zugewandtheit oder Distanz zum Gesprächspartner zum Beispiel, der Blickkontakt etc. Kurz: Gefragt ist die Fähigkeit zum ganzheitlichen Ausdruck auf der verbalen *und* nonverbalen Ebene.

5.1 Aktive und reaktive persönliche Präsenz

Abgesehen von ganz speziellen Anlässen (zum Beispiel einer Rede vor großem Publikum) ist Kommunikation immer ein Austausch zwischen zwei oder mehreren Personen. Dialog ist aber nicht gleich Dialog. Es macht einen spürbaren Unterschied, ob Sie selbst im Kontakt zu anderen etwas wollen – ob Sie also ein ganz konkretes Interesse in der jeweiligen Situation haben und somit *aktiv präsent* sind. Oder ob Sie sich eher für das interessieren, was Ihr Gegenüber einbringt. In diesem Fall sind Sie *reaktiv präsent*. Anders ausgedrückt: Je nach Situation stehen Ihre eigenen Bedürfnisse im Vordergrund beziehungsweise im Hintergrund.

Welche Art von Kommunikation gerade ansteht, sollten Sie erkennen – und in jeder der beiden Formen persönlich präsent sein: So können Sie zum einen Ihre

Bedürfnisse aktiv vertreten und ebenso auch aufnahmebereit sein, wenn Ihr Gegenüber mit seinen Interessen kommt. Hier geht es also nicht mehr nur um Selbst*wahrnehmung*, sondern auch um die Selbst*steuerung*.

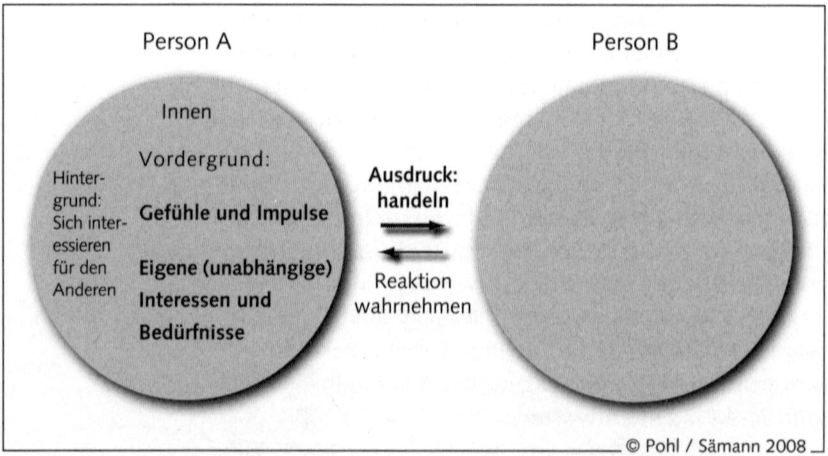

Abb. 4: Die zwei Grundhaltungen im Dialog: aktive persönliche Präsenz

Ohne Bedürfnis-Klarheit kein Dialog

Notwendig für jeden Dialog, der gelingen soll, ist die Klarheit über die Interessen und Bedürfnisse und über die Frage, ob Sie damit in den Vordergrund treten möchten. *Wollen Sie die aktive oder reaktive Position einnehmen?* Ohne diese Klarheit macht es wenig Sinn, überhaupt in den Dialog einzutreten. Denn dort geht es um den Ausdruck. In welcher Weise wollen Sie sich ausdrücken? Wenn Sie hier noch im Nebel stochern, dann nehmen Sie sich besser die Zeit, sich über Ihre Interessen klar zu werden.

Ein Beispiel: Angenommen, Frau Müller ist unzufrieden mit Ihrem Arbeitsalltag – sie wird ständig durch persönliche oder telefonische Anfragen von ihren Kollegen unterbrochen und wünscht sich zumindest zwei Stunden am Tag ungestörtes Arbeiten. In der nächsten Teamsitzung wird sie das Problem ansprechen und Vorschläge präsentieren, wie ihr Anliegen mit einer veränderten Arbeitsorganisation umgesetzt werden könnte. Frau Müller benötigt also in der Teamsitzung aktive persönliche Präsenz, um ihr Ziel zu erreichen: Ihr Bedürfnis steht im Vordergrund.

Ganz anders, wenn Frau Müller selbst keinen Themenpunkt in die Sitzung einzubringen hat. Dann braucht sie eine reaktive persönliche Präsenz: das heißt Offenheit und Interesse für die Themen und Anliegen der Kollegen. Deren Bedürfnisse sind im Vordergrund

Wenn Sie also aktiv ein eigenes Interesse in den Dialog einbringen, dann werden Sie Ihr Bedürfnis sprachlich formulieren und wahrnehmen, wie der Andere darauf reagiert. Wenn Sie im Dialog die reaktive Position einnehmen, dann hören Sie zu. Sie werden vielleicht mit dem Kopf nicken, nachfragen und mit eigenen Ideen oder Vorschlägen antworten.

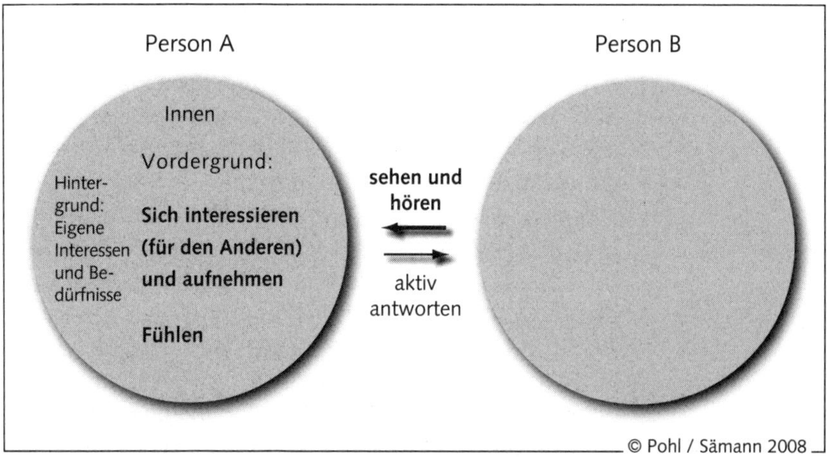

Abb. 5: Die zwei Grundhaltungen im Dialog: reaktive persönliche Präsenz

Die Hindernisse im Alltag

Was auf den ersten Blick so selbstverständlich erscheint, nämlich der Wechsel zwischen dem aktiven und dem reaktiven Part in der Kommunikation, geht im (Berufs-) Alltag oft genug schief.

Schwächen in einem der beiden Bereiche?

Erstens passiert es immer wieder, dass sich Gesprächspartner über ihre jeweilige Haltung im Dialog nicht im Klaren sind und damit effektive Kommunikation verhindern. Zweitens: Viele Menschen bringen die nötige persönliche Präsenz *nur in einem der beiden Bereiche* auf. Manche sind nur dann präsent, wenn es um sie selbst geht, um ihre eigenen Bedürfnisse, wenn sie also aktiv sein können. Sie schalten ab, wenn andere mit ihren Zielen in den Vordergrund rücken.

Beispielsweise gibt es jede Menge Vorgesetzte, die den reaktiven Part in Beziehung zu ihren Mitarbeitern nur äußerst ungern übernehmen. Wenn ein Mitarbeiter zu einem solchen Vorgesetzten mit einem Problem kommt, wird er vielleicht mit Mühe ein paar Sätze los – weil dann sein Chef schon wieder am Reden und Agieren ist. Dem fehlt es in diesem Fall an zwei entscheidenden emotionalen Qualitäten, die nötig sind für eine effektive Kommunikation: wirkliches Interesse am Anderen und die Bereitschaft, das aufzunehmen, was jener ihm mitteilen will.

Und andere Menschen wiederum leben in erster Linie dann auf, wenn es um Anliegen und Vorschläge von anderen geht: Auf die können sie gut eingehen – aber die eigenen Ziele schlecht vertreten. Sie verschwinden innerlich, wenn es um die eigenen Bedürfnisse geht. Es sind zum Beispiel die besonders fürsorglichen Mitarbeiter oder Kollegen, die immer für andere da sind. Mit diesem Verhaltensmuster wird es schwierig, die eigenen Anliegen aktiv zu vertreten. Die Gefahr ist groß, rasch in die reaktive Haltung zu fallen – selbst dann, wenn eigentlich ein aktives Vertreten der eigenen Interessen gefordert wäre. Auch dann ist effektive Kommunikation nur eingeschränkt möglich.

Menschen, denen die aktive persönliche Präsenz fehlt, werden vielleicht ihre Gesprächspartner gut behandeln. Aber sie werden ihre eigenen Ziele nicht erreichen.

Fazit: Machen Sie sich klar, welche Position Sie im Dialog einnehmen wollen. Und verhalten Sie sich dann entsprechend.

Ein Test

Sie können sich mit einem einfachen Test einen ersten Eindruck darüber verschaffen, wo Ihre Stärken und Schwächen liegen bezüglich der aktiven oder reaktiven persönlichen Präsenz.

Schauen Sie sich die vergangenen vier Wochen an und suchen Sie jeweils drei Situationen aus Ihrem Alltag, in denen Sie entweder Ihre eigenen Ziele im Gespräch aktiv vertreten haben beziehungsweise in denen Sie auf die Bedürfnisse eines Gesprächspartners eingegangen sind, der mit einem Anliegen zu Ihnen kam.

Fallen Ihnen zu jeder der beiden Positionen im Dialog Situationen ein? Oder überwiegt der aktive beziehungsweise der reaktive Part? Schauen Sie sich diese Situationen noch einmal genauer an: Konnten Sie Ihre aktive beziehungsweise reaktive Position im Gespräch jeweils durchhalten oder sind Sie irgendwann auf die »falsche« Seite gekippt?

Wenn Sie entdecken, dass Sie in einer der beiden Dialogpositionen Schwächen haben, dann können Sie künftig ganz bewusst darauf achten, diese Position besser einzunehmen und auch einzuhalten.

Direktes Ausdrucksverhalten

Oft hilfreich: Emotionen ausdrücken

Unabhängig davon, ob Sie aktiv oder reaktiv sind: Ihr Ausdrucksverhalten muss direkt sein, auf Ihr Gegenüber gerichtet sein. Nur so kann Ihr Gesprächspartner es auch aufnehmen. Wenden Sie sich ihm zu. Prüfen Sie, ob Sie auch Ihr emotionales Erleben ausdrücken können (wenn Sie sich über etwas freuen oder auch ärgern zum Beispiel), und zwar unmittelbar in der jeweiligen Situation.

Das ist in privaten Beziehungen natürlich sehr viel einfacher als im beruflichen Alltag. Aber auch da sind nicht alle Kontakte so förmlich oder hierarchisch gefärbt, dass es unklug wäre, Emotionen zum Ausdruck zu bringen. Wenn Sie es tun können, ist es hilfreich – nicht nur für Sie selbst, sondern auch für Ihr Gegenüber.

Natürlich müssen Sie die Situation jeweils aktuell einschätzen: Nicht in jedem Meeting ist es angebracht, Unmut sofort und auf der Stelle zu äußern. Wenn unmittelbares Kontaktverhalten nicht möglich beziehungsweise nicht sinnvoll ist, dann können Sie immer noch auf die Ebene des *bewussten* Rollenverhaltens gehen – und die Aussprache über Ihren Ärger auf ein Vier-Augen-Gespräch nach der Sitzung vertagen.

Von Sendern und Empfängern

Aktive und reaktive persönliche Präsenz sind nicht gleichzusetzen mit den üblichen Sender-Empfänger-Modellen aus der Kommunikationstheorie. Aktive und reaktive Präsenz sind quasi übergeordnet: Man ist sowohl im aktiven als auch im reaktiven Modus Sender *und* Empfänger.

Ein Beispiel dafür ist das sogenannte Aktive Zuhören, eine Standardübung aus dem Kommunikationstraining (auf die wegen ihrer weiten Verbreitung im nächsten Kapitel noch detailliert eingegangen wird). Beim Aktiven Zuhören bringt einer der beiden Partner ein Anliegen zum Ausdruck, und der andere wiederholt, was er davon verstanden hat. Wenn Sie selbst der Zuhörer sind, dann sind Sie zunächst der Empfänger: Sie lassen den anderen reden, nehmen sein Anliegen auf. Wenn Sie wiedergeben, was von seinen Worten bei Ihnen angekommen ist, dann sind Sie der Sender (»Ich habe dich so verstanden, dass...«).

Von der Grundhaltung her sind Sie jedoch sowohl als Empfänger als auch als Sender reaktiv: Denn es geht ja gerade um Ihren Gesprächspartner und seine Anliegen, um das, was er will – und nicht um Sie selbst und Ihre Interessen.

Das ist zum Beispiel der Fall, wenn ein Mitarbeiter Ihnen ein Problem schildert und in dieser Angelegenheit einen Rat von Ihnen möchte. Umgekehrt, wenn Sie das Gespräch mit einem Mitarbeiter suchen, weil Sie vielleicht unzufrieden mit ihm sind, dann sind Sie der aktive Teil: Sie gehen mit Ihrem Bedürfnis auf den anderen zu, schildern ihm Ihre Anliegen und Wünsche. Wichtig für eine effektive Kommunikation ist es, dafür zu sorgen, sowohl im aktiven als auch im reaktiven Modus Sender und Empfänger zu sein: Sonst gibt es keine Dialoge, sondern höchstens Monologe.

5.2 Die klare Ich-Du-Beziehung

Ein Prozess in drei Teilen

Echte Dialogfähigkeit heißt auch, auf der Basis der Selbst- und Fremdwahrnehmung eine klare Ich-Du-Beziehung herzustellen. Klingt das kompliziert? Es bedeutet schlicht, den Prozess zu erkennen, der zwischen Ihnen und Ihrem Kommunikationspartner abläuft.

Dieser Prozess hat drei Teile. Zum einen brauchen Sie Klarheit über das, was Sie selbst in der konkreten Situation wollen, was Sie fühlen und was Sie tun. Zum anderen brauchen Sie Klarheit über das Verhalten Ihres Gegenübers. Und drittens sollten Sie erkennen, wie Ihr Verhalten auf den anderen wirkt – und umgekehrt. Alle drei Teile sollten Sie möglichst nicht durcheinanderbringen, sondern jeweils die Grenze zwischen Ihnen selbst und Ihrem Gesprächspartner erkennen.

Ein Beispiel: Sie hören jemandem zu, der über ein Thema berichtet, das Sie eigentlich sehr interessiert. Er erzählt allerdings mit sehr monotoner Stimme und hält kaum Blickkontakt zu Ihnen (Fremdwahrnehmung). Mit der Zeit werden Sie müde und fühlen sich ein bisschen gelangweilt (Selbstwahrnehmung). Wenn Sie eine klare Ich-Du-Beziehung haben, dann merken Sie, dass das Thema Sie nach wie vor interessiert und dass Ihre Müdigkeit und Langeweile eine Reaktion auf die Stimme und das Redeverhalten Ihres Gegenübers sind sowie auf den fehlenden Blickkontakt.

Bei einer unklaren Ich-Du-Beziehung laufen Sie Gefahr, die Dinge durcheinander zu bringen. Sie werden vielleicht glauben, dass das Thema eben doch nicht so interessant ist, wie Sie zunächst dachten.

Oder Sie werden Ihre Müdigkeit darauf schieben, dass Sie mal wieder viel zu wenig Schlaf abgekriegt haben. Oder Sie machen es ganz kurz und etikettieren Ihren Gesprächspartner als Langweiler.

Der umgekehrte Fall taugt ebenfalls gut als Beispiel – wenn nämlich der aktive Kommunikationspartner sein eigenes Verhalten nicht wahrnimmt. Stellen Sie sich einen Menschen vor, der sehr schnell und sehr viel redet. Der seine Zuhörer geradezu mit Worten erschlägt, der gar nicht mehr aufhören kann, wenn er erst einmal zu erzählen angefangen hat. Irgendwann wird der Betreffende vielleicht merken, dass andere Menschen nicht lange mit ihm zusammen sein möchten, dass sie sich relativ schnell wieder von ihm abwenden.

Mit persönlicher Präsenz und einer guten Selbst- und Fremdwahrnehmung würde unser Vielredner seine eigene Redequalität erkennen und auch das Verhalten der anderen. Eine klare Ich-Du-Beziehung würde ihn zu der Erkenntnis führen: Wenn ich ohne Punkt und Komma rede und andere nicht zu Wort kommen lasse, dann wenden sich die Menschen von mir ab – sie schauen woanders hin, werden unaufmerksam oder gehen vielleicht sogar weg. Bei einer unklaren Ich-Du-Beziehung denkt er sich vielleicht: »Niemand kann mich leiden«.

Übrigens: Wenn jemand so viel redet, dann oft auch deshalb, weil er keine genaue Vorstellung davon hat, was er eigentlich ausdrücken will. Die Klarheit über die Bedürfnisse fehlt in diesem Fall.

Konfliktquelle: Beziehungsverknüpfungen

Nicht alles auf sich selbst beziehen

Dialogfähig sein bedeutet außerdem, in der Hier-und-Jetzt-Situation zu bleiben. Wenn Sie das tun, tappen Sie nicht in die Falle, *unrealistische Beziehungsverknüpfungen* herzustellen. Menschen neigen ein wenig dazu, sich selbst für den Nabel der Welt zu halten, und beziehen daher gerne (fast) alles auf sich, was andere tun und sagen.

Denken Sie an das Beispiel vom Kollegen, der grußlos an Ihnen vorbeiläuft. Zugegeben: Es ist schwer, solch ein Verhalten völlig interpretationsfrei wahrzunehmen. Aber die meisten Menschen interpretieren nicht nur (»Der hat aber schlechte Laune«), sondern sie setzen noch eins drauf: die Beziehungsverknüpfung nämlich. Und schon heißt die Interpretation »Der mag mich nicht«. Damit wird eine Beziehung hergestellt, die so vielleicht gar nicht existiert.

Fantasien verursachen Konflikte

Interpretierende Fremdwahrnehmung allein ist schon problematisch genug. Wenn noch eine Beziehungsverknüpfung hinzukommt, wird die Kommunikation doppelt schwierig. Wenn Sie sich so verhalten, haben Sie eine unklare Ich-Du-Beziehung: Sie reagieren nicht auf Ihr tatsächliches Gegenüber, sondern auf die gedankliche Vorstellung von ihm, die Sie sich in Ihrer Fantasie machen. Das ist im Alltag sehr oft der Fall und die Quelle vieler unnötiger Konflikte.

Vielleicht erinnern Sie sich noch an die Geschichte, die wir am Anfang dieses Buches geschildert haben. Da geht es um einen Mann, der sich einen Hammer von seinem Nachbarn leihen möchte. Dieser Mensch interpretiert erstens in das Verhalten seines Nachbarn Unfreundlichkeit und Arroganz hinein. Als nächstes stellt er eine Beziehungsverknüpfung her: Er bezieht die vermeintliche Arroganz auf sich. Das macht ihn ärgerlich, weil er findet, dass der Nachbar keinen Grund hat, unfreundlich zu ihm zu sein.

Und dann handelt der Mann: Nicht auf der Grundlage der realen Situation, sondern auf der Grundlage seiner Gedanken und Fantasien, die er sich über seinen Nachbarn und die Beziehung zwischen ihnen beiden gemacht hat. Er benimmt sich garstig zu ihm – und der andere weiß noch nicht einmal, warum. Die besondere Tragik an der Sache: Vor lauter Denken und Fantasieren verliert der arme Mann sein Bedürfnis aus den Augen: Er wollte doch einen Hammer – aber den kriegt er so natürlich nicht!

Sie finden die Geschichte zu drastisch? Das ist sie keineswegs. Ähnliche Dinge laufen jeden Tag in unzähligen Kommunikationssituationen und in unzähligen Varianten ab, immer mit dem gleichen Ergebnis: Es knirscht anschließend gehörig im Getriebe.

Die eigene Grenze bewahren

Wo bin ich und wo ist der Andere?

In die Kategorie unklare Ich-Du-Beziehungen fällt auch eine andere Verhaltensweise, die jede Kommunikation schnell ineffektiv machen kann: die Konfluenz. Die haben Sie, wenn Sie sich so sehr in den Anderen hineinversetzen (oder glauben, dies zu tun), dass Sie Ihre eigene Grenze nicht mehr spüren: Wo bin ich, und wo ist der Andere?

Die Wahrnehmung dieser Grenze ist aber entscheidend, um eine klare Ich-Du-Beziehung herstellen und aufrechterhalten zu können. Verwischt diese Grenze, dann fließt alles ineinander über – die Gesprächspartner werden konfluent, wie Psychologen sagen. »Wie geht's uns denn heute« oder »Ich spüre, dass du ärgerlich bist«: Solche Sätze sind Alarmzeichen. Sie sind Signal für Konfluenz und somit für eine unklare Ich-Du-Beziehung. Niemand kann fühlen, wie es dem Anderen geht. Wer glaubt, es dennoch zu tun, hat keine klare Grenze.

Wie lassen sich diese Klippen umschiffen? Indem Sie das tun, was schon mehrfach angesprochen wurde: den Anderen wahrnehmen in seinem Verhalten, auf Interpretationen und Beziehungsverknüpfungen verzichten und sich statt dessen für die Realität Ihres Gesprächspartners interessieren. Das heißt im Klartext: Denken Sie sich nicht Ihr Teil über ihn, sondern fragen Sie ihn. Dann erfahren Sie, was wirklich los ist. Das wiederum kann bewirken, dass sich Ihre Gefühle ihm gegenüber verändern.

Und noch ein Tipp: Vermeiden Sie die *Man-Wir-Es-Sprache*. Sie ist in der Regel Ausdruck von unklaren Ich-Du-Beziehungen und verfestigt sie. Sagen Sie »Ich«. Dann haben Sie schon einen ersten Schritt getan, um unklare Beziehungen klarer zu machen.

Kontakt und Rückzug

Wichtiger Bestandteil der Dialogfähigkeit ist schließlich ein flexibles Kontakt- und Rückzugsverhalten. Man könnte auch sagen, es geht hier um das Spüren der eigenen Grenze und um das Respektieren der Grenze des Anderen, was (wie gerade beschrieben) eine Voraussetzung für die klare Ich-Du-Beziehung ist. Viele Menschen haben einen »Überkontakt« zu ihrem Gegenüber, sie kleben förmlich an ihm und merken es gar nicht. Oder aber sie haben zu wenig Kontakt, meiden vielleicht den Blickkontakt sogar völlig. Beides verhindert effektive Kommunikation. Nötig dafür ist ein gesunder Wechsel, Kontakt und Rückzug im fließenden Rhythmus.

Zu viel Kontakt oder zu wenig?

Wenn Sie beispielsweise jemandem zuhören, ist es gut, ihn nicht die ganze Zeit anzuschauen. Jetzt wundern Sie sich vielleicht, weil Blickkontakt doch ein wichtiger Faktor in der Kommunikation ist. Das stimmt – aber das heißt nicht, dass Sie Ihren Gesprächspartner fixieren sollen wie die Schlange das Kaninchen. Abgesehen davon, dass dieses Übermaß an Blickkontakt Ihrem Gegenüber vermutlich eher unangenehm sein wird: Es macht auch Sie selbst starr und unbeweglich.

Schauen Sie Ihren Gesprächspartner an, aber schauen Sie auch mal wieder weg und woanders hin: Wer immer mit der Aufmerksamkeit beim Gegenüber ist, hat keinen Raum für die Selbstwahrnehmung.

Kontakt und Rückzug (auch ein kurzer) im Wechsel sind notwendig, um effektive Kommunikation *über einen längeren Zeitraum* aufrechtzuerhalten. Ist dieser fließende Rhythmus gestört, besteht entweder Überkontakt oder Beziehungslosigkeit.

Ideal: Ein fließender Wechsel

Der Wechsel zwischen Kontakt und Rückzug hingegen ermöglicht ein präzises Gefühl für den eigenen Raum, den jeder braucht, um sich im Dialog wohl zu fühlen. (Die Verhaltenspsychologie spricht in diesem Zusammenhang vom »räumlichen Verhalten«). Sie werden zum Beispiel merken, ob Sie Ihrem Gegenüber zu nahe sind: Dann gehen Sie einen Schritt zurück. Oder Sie rutschen ein Stück mit Ihrem Stuhl nach hinten und schauen, ob sich der neue Abstand besser anfühlt. *Dieses Gefühl für Ihren persönlichen Raum ist gleichzeitig ein Gefühl für Ihre persönliche Grenze.*

Eine starre, unbewegliche, unflexible (Körper-)Haltung beziehungsweise eine starre Position im Raum geht meistens einher mit einem undeutlichen, mangelhaften Gefühl für die eigenen Nähe- und Distanz- beziehungsweise Grenzbedürfnisse und/oder mit dem Unvermögen, diese auszudrücken.

5.3 Zwei Fälle aus dem Alltag

Wenn die Ich-Du-Beziehung fehlt

Markus H. hat vor kurzem eine neue Stelle in einem Planungsbüro angetreten. Er ist Chef von vier Mitarbeitern, die alle deutlich älter sind als er. Seine Fachkompetenz ist unstrittig. Den Arbeitsablauf in seinem Team will er anders gestalten, als es bisher der Fall war. Er stellt jedoch immer wieder fest, dass seine Anweisungen nicht umgesetzt werden, obwohl offen keine Kritik daran geäußert wird. Er vermutet, dass die Kollegen ihn als Chef wegen seines jugendlichen Alters nicht akzeptieren. Im Seminar erhofft er sich Tipps, wie er an seine Mitarbeiter »besser rankommt«.

Die Kommunikation ist zu unpersönlich

Beim näheren Blick auf das Kommunikationsverhalten von Markus H. stellt sich heraus, dass sein Kommunikationsstil extrem unpersönlich ist. Wenn er neue Strukturen einführt, tut er dies stets mit dem Hinweis auf die Fakten und das Wohl des Unternehmens, nie im Hinblick auf seine persönlichen Vorstellungen und Wünsche. Ein typischer Satz: »Der Arbeitsablauf muss geändert werden. Das ist besser für die Firma.«

Die Folge: Offene Diskussionen gibt es nicht, selbst wenn seine Mitarbeiter seine Vorschläge nicht gut finden. Auf der fachlichen Ebene kann keiner von ihnen Markus H. das Wasser reichen, und auf der persönlichen Ebene bietet er keine Ich-Du-Beziehung an. Mit wem sollen seine Leute diskutieren? Mit »der Firma«?

Der Trainer schlägt Markus H. vor, einen persönlicheren Kommunikationsstil zu üben und seine Mitarbeiter direkt anzusprechen. Zum Beispiel mit den Sätzen: »*Ich* finde es wichtig, diesen Ablauf künftig so zu organisieren. Wenn *Sie* das anders sehen, möchte ich gerne *mit Ihnen* darüber diskutieren.« Denn: Menschen brauchen persönliche Beziehungen, auch im Arbeitsalltag. Und Anweisungen werden in aller Regel nur dann gut umgesetzt, wenn die Ich-Du-Kommunikation funktioniert.

Wenn Konfluenz das Problem ist

Stefan L. arbeitet in der Personalabteilung eines Konzerns und muss immer wieder Beurteilungsgespräche mit Mitarbeitern führen. Wenn er schlechte Beurteilungen zu verkünden hat, bereitet ihm das regelmäßig schlaflose Nächte. Ihm tun die betroffenen Mitarbeiter leid – selbst diejenigen, die sich trotz entsprechender Hinweise zu wenig engagiert haben. In den Beurteilungsgesprächen selbst fühlt sich Stefan L. sehr unwohl und ist immer froh, wenn sie vorbei sind. Er rettet sich auf eine unpersönliche Kommunikationsebene mit Sätzen wie »Da konnte man einfach keine bessere Beurteilung geben, das ging nicht anders«.

Im Seminar wird ein Beurteilungsgespräch im Rollenspiel nachgestellt. Deutlich sichtbar ist, wie Stefan L. in sich zusammensinkt und ein ebenso betretenes Gesicht macht wie der Mitarbeiter, dem er die schlechte Beurteilung präsentiert. Stefan L. übernimmt unbewusst dessen Haltung, er wird rasch konfluent mit seinem Gesprächspartner, lässt sich in Diskussionen verwickeln und hat mitunter sogar Schuldgefühle. Die aktive Präsenz fehlt.

Die eigene Grenze wahren

Für Stefan L. geht es in diesen Beurteilungsgesprächen darum, seine eigene Grenze zu seinen Gesprächspartnern zu wahren. Eine klare Ich-Du-Beziehung bringt für ihn die entlastende Erkenntnis, dass die Verantwortung für die schlechte Beurteilung keineswegs bei ihm liegt, sondern bei dem betreffenden Mitarbeiter.

Zusammen mit dem Trainer übt Stefan L. die aktive Gesprächsführung, was ihm hilft, die Situation des Beurteilungsgesprächs nicht als Opfer zu durchleben, sondern selbst zu gestalten. Zum Beispiel, indem er die Verantwortung auch sprachlich klar und deutlich macht: »*Ich* habe Sie bereits in der Zwischenbeurteilung darauf hingewiesen, in welchen Bereichen Sie sich mehr engagieren müssen. Das haben *Sie* nicht getan, deshalb konnte ich Ihnen keine bessere Beurteilung geben. Das tut mir leid.«

6. Exkurs: Feedback braucht Klarheit

Plädoyer für eine andere Art des Aktiven Zuhörens

Die Tür geht auf, herein rauscht der Mitarbeiter Müller. Ein fröhliches Gesicht macht er nicht gerade. Und tatsächlich: Auf den Tisch des Abteilungsleiters klatscht ein Paket voller Schriftstücke. Müller knirscht mit den Zähnen: »So kann man doch hier nicht arbeiten!« Der Chef weiß: Jetzt kommt es nicht nur darauf an, herauszufinden, was genau das sachliche Problem ist. Es gilt außerdem, sich um Müllers Befindlichkeit zu kümmern.

6. 1 Aktives Zuhören als Form der reaktiven Präsenz

Das eigene Ich in den Hintergrund stellen

Was fällt jeder seminarerprobten Führungskraft in diesem Moment ein? Richtig: das Aktive Zuhören. Schließlich lehrt inzwischen nahezu jedes Kommunikationstraining diese verdienstvolle Methode. Aus gutem Grund. Sie ist nicht weniger als eine Grundlage effektiver Kommunikation: Das Aktive Zuhören ist die wohl bekannteste Form der reaktiven Präsenz. Allerdings auch eine, mit der sich ambitionierte Führungskräfte zuweilen schwer tun – immerhin müssen sie beim Aktiven Zuhören ihr eigenes Ich in den Hintergrund stellen.

Aktives Zuhören heißt, sich in seinen Gesprächspartner einzufühlen, um ihm dann mit eigenen Worten wiederzugeben, was man erstens sachlich und zweitens emotional von ihm verstanden hat. Eine gute Sache – wenn nur nicht immer der gleiche Fehler gemacht würde. Denn vor lauter Einfühlung geht oftmals die Klarheit in der Ich-Du-Beziehung zwischen den beiden Gesprächspartnern verloren. Die Kommunikation verläuft oft auf der Basis von Interpretationen statt von Wahrnehmungen, und das dient weder dem Gesprächsverlauf noch der Problemlösung.

Aber zunächst einmal das Positive. Eine Führungskraft, die aktiv zuhört, stellt die eigenen Bedürfnisse und

Interessen für eine begrenzte Zeit in den Hintergrund, um sich ganz auf das Anliegen des Gesprächspartners zu konzentrieren. Und sie gibt diesem aktiv Feedback – auf der sachlichen und emotionalen Ebene. Zu achten ist dabei nicht nur auf das, *was* der Andere sagt, sondern auch darauf, *wie* er spricht und sich verhält. Die Grundhaltung beim Aktiven Zuhören ist die des einfühlenden Verstehenwollens. Man versucht, die Welt mit den Augen des Anderen zu sehen – ein Perspektivwechsel also. Der aktive Zuhörer vermittelt seinem Gegenüber: »Ich habe nicht nur verstanden, was du sagst, sondern auch, wie du es meinst und wie dir dabei zumute ist.« Grundlegende Voraussetzungen für das Gelingen sind das echte (nicht gespielte!) Interesse für den anderen, die Bereitschaft, seine Botschaft aufzunehmen, sowie die Fähigkeit, eigene Bedürfnisse und Sichtweisen zeitweilig im Hintergrund zu lassen.

Fallstricke beim emotionalen Feedback

Beim Aktiven Zuhören werden in der Regel drei Stufen unterschieden und entsprechende Verhaltensweisen eingeübt (Dieses Modell findet sich z. B. bei den bekannten Kommunikationspsychologen Thomas Gordon und Friedemann Schulz von Thun.)

- Auf der Stufe 1 geht es um die Beziehungsebene, um die Bedeutung der Aufmerksamkeitssignale. Wer aktiv zuhört, hält Blickkontakt, wirft ein »Aha«, ein »Ja« oder ein »Hmh« ein. Damit wird dem Gesprächspartner signalisiert: »Ich bin jetzt ganz Ohr für dein Anliegen.«
- Auf der Stufe 2 geht es um die Sachebene, das inhaltliche Verständnis. In einem kontrollierten Dialog gibt der aktive Zuhörer seinem Gegenüber in eigenen Worten zurück, was er inhaltlich aufgenommen hat. Er paraphrasiert sozusagen das Gehörte und lässt sich die Richtigkeit bestätigen beziehungsweise sich korrigieren.

- Stufe 3 spricht die emotionale Ebene an, hier werden Gefühle verbalisiert. Nicht die eigenen, sondern die des Anderen (»Sie sind sehr ärgerlich«).

Der zentrale Punkt beim Aktiven Zuhören ist also das Feedback auf der inhaltlichen und emotionalen Ebene. So weit, so gut. Was den Inhalt der Kommunikation angeht, gibt es an der Methode auch wenig zu bemängeln. Doch gerade beim Feedback auf der emotionalen Ebene hält das Aktive Zuhören allerhand Fallstricke bereit, in denen sich die Gesprächspartner im Alltag immer wieder verwickeln. Das Hauptproblem: Häufig verwischt die notwendige Klarheit der Ich-Du-Beziehung in der Kommunikation. Die kann eigentlich nur derjenige sauber aufrechterhalten, der im Gespräch mit Ich-Botschaften arbeitet. Das findet indes in der klassischen Form des Aktiven Zuhörens nicht statt. Zur Illustration hier zwei Beispiele aus Thomas Gordons Buch »Managerkonferenz«.

Beispiel 1:

»Sender: Was soll es bringen, wenn hier alles verändert wird?

Hörer: Sie sind sehr entmutigt.«

Beispiel 2:

»Sender: Verdammt! Warum bekomme ich keine einwandfreien Pläne aus dem Konstruktionsbüro?

Hörer: Sie sind ärgerlich, weil Sie in den Plänen Fehler finden.«

Du-Botschaften vermeiden

Möglicherweise wird die Stimme des aktiven Zuhörers am Ende der Aussage fragend in die Höhe gehen. Oder er hängt gar ein »nicht wahr?« am Schluss an. Dennoch: Diese Antworten sind allesamt Du-Botschaften im Sinne von Vermutungen, was die Gefühlslage der Sender betrifft. Die sind nicht immer begeistert von solchen Interpretationen. Im wirklichen Leben reagieren viele Menschen negativ auf das, was ihnen wie eine Unterstellung vorkommen mag. Übrigens eine sehr gesunde Reaktion: Sie zeugt davon, dass zumindest einer der Gesprächspartner lieber klare Verhältnisse hätte.

Will die der aktive Zuhörer nicht auch haben? Sicherlich – doch in der Praxis fehlt ihm oft die Bewusstheit, dass es ausschließlich seine höchst eigenen Vermutungen oder Interpretationen sind, wenn er Aussagen über die Gefühle seines Gesprächspartners trifft. Er stellt lediglich Hypothesen auf, wenn er wie im Beispiel oben feststellt »Sie sind entmutigt« oder »Sie sind ärgerlich«. Dass dies in der Praxis so gehandhabt wird, ist auch eine Folge von oft sehr nebulösen Trainingsanleitungen wie »sich hineinfühlen«, »in Worte fassen, was gefühlsmäßig mitschwingt«, »zwischen den Zeilen versteckte Botschaften des Gesprächspartners aufnehmen« oder »dem Anderen aus dem Herzen sprechen«. Wie, bitte, funktioniert das genau?

Gefühle anderer Menschen wahrnehmen geht nicht

Die sinnlich wahrnehmbare Grundlage solcher Interpretationen (hängende Schultern, eine spannungslose Haltung oder geballte Fäuste, eine laute Stimme) bleibt im Dunkeln, für den Sender genauso wie für den aktiven Zuhörer. Schlimmer noch: Es wird in vielen Fällen gar nicht mehr unterschieden zwischen der Sinneswahrnehmung (was ich beim Anderen sehe oder wie ich ihn höre) und der Interpretation (was ich mir dazu denke). Beides wird in einen Topf geworfen, was die Illusion erzeugt, man könne die Gefühle des Gegenübers wahrnehmen. »Diese Gefühlsvermutung kann ich als Zuhörer auch dann anstellen, wenn der Gesprächspartner seinen Ärger selbst noch nicht ausgesprochen, aber für mich wahrnehmbar ausgedrückt hat, zum Beispiel durch seinen Tonfall oder durch seine Körpersprache«, schreibt auch Friedemann Schulz von Thun. Aber Vorsicht: Der Ärger des Gegenübers ist nicht wahrnehmbar – ebenso wenig wie Resignation, Aggression oder sonstige Gefühle.

Wahrnehmbar sind allein der Tonfall, den man hört, und die Körpersprache, die man sieht. Diese Fremdwahrnehmungen kann der Zuhörer dann lediglich als Ärger interpretieren.

Die Interpretationen laufen oft über einen Vorgang, der ebenfalls in der Regel unklar bleibt: über die persönliche Identifikation des aktiven Zuhörers mit seinem Gegenüber. Grob gesagt, denkt er sich in die Vorstellungswelt des Senders hinein, passt sich vielleicht sogar an Körperhaltung, Stimmlage und Atmung an – und nimmt Emotionen an sich selbst wahr, die er dem Gesprächspartner dann quasi »unterstellt«.

Klarheit im Kopf und in der Sprache

Nach so viel Kritik ein Satz zur Klarstellung: Es geht hier nicht darum, das Aktive Zuhören als Ganzes zu verteufeln. Es geht vielmehr darum, Klarheit sowohl in den Köpfen der Beteiligten als auch auf der sprachlichen Ebene herzustellen. Das ist nicht nur wichtig beim Feedbackgeben, sondern generell unabdingbar für effektive Kommunikation. Das klassische Aktive Zuhören ist jedoch, was die emotionale Ebene angeht, eine sehr unklare Kommunikation mit zu viel Interpretation, ohne dass diese dem Sender und dem Zuhörer bewusst ist. Und: Der Zuhörer hält seine eigene Persönlichkeit, sein eigenes Ich aus der Kommunikation heraus. Dadurch gehen wertvolle Feedback-Informationen für den Sender verloren.

6.2 Interpretationsfreies Feedback und klare Ich-Du-Beziehung

Es ist relativ einfach, das Problem zu lösen. Der aktive Zuhörer braucht erstens eine interpretationsfreie Fremdwahrnehmung und zweitens eine klare und genaue Sprache. Er muss unterscheiden zwischen dem, was er hört und sieht, und zwischen dem, was er sich dazu denkt oder was er selbst fühlt. Und in dieser Genauigkeit muss er es auch schildern, wenn er seinem Gegenüber Feedback gibt. Dann wird aus dem Satz »Sie sind ärgerlich« der Hinweis auf Wahrnehmungen wie »Ich sehe, dass Sie beide Hände zu Fäusten ballen« oder »Sie reden sehr schnell. Ich kann Ihnen kaum folgen«. Gegen die anschließende Frage »Sind Sie ärgerlich?« ist übrigens nichts einzuwenden. Eine Frage kann der Sender mit »Ja« oder »Nein« beantworten, sie wirkt nicht suggestiv wie die Aussage aus den oben genannten zwei Beispielen.

Diese Vorgehensweise hat Vorteile für beide Seiten. Der Feedback-Geber macht sich die sinnlich wahrnehmbare Grundlage seiner Interpretationen bewusst. Indem er sie dann transparent macht und mitteilt, erhält sein Gesprächspartner wertvolle Informationen. Anhand derer fällt es diesem leichter, seine Gefühle zu erkunden und zu benennen.

Selbständige Entdeckungen ermöglichen

Besser noch ist es, die eigenen Interpretationen erst einmal beiseite zu stellen und stattdessen nachzufragen, was das Feedback über die körpersprachlichen Wahrnehmungen beim Sender auslöst. Oft ist es gar nicht so nützlich, wenn der aktive Zuhörer auf die Schilderung seiner Beobachtungen sofort eine Mutmaßung packt – selbst wenn sie als solche deutlich gekennzeichnet ist. Auf dem Gestalt-Ansatz basierendes Coaching zum Beispiel legt viel Wert darauf, dass die gecoachte Person selbst herausfindet, was ihr Stimmklang oder eine bestimmte Gestik für sie bedeutet (»Ich sehe, dass Sie die Hände zu Fäusten ballen. Wie fühlen Sie sich dabei?«). Feedback ist gut – aber zu schnelles und zu ausgiebiges »Füttern« ist schlecht.

Coaching-Instrument Identifikatorisches Fühlen

Aus dem verschwommenen »Einfühlen« in den Gesprächspartner kann bei entsprechender Klarheit in der Methodik durchaus ein wertvolles Arbeitsinstrument werden, gerade auch für Trainer und Coaches. Diese von uns »Identifikatorisches Fühlen« genannte Feedback-Technik ist eine sehr gute Grundlage für das Verstehen des Anderen und auch für »Gefühlsvermutungen«. Die bewusste Identifikation mit dem

Gegenüber, indem man seine Haltung, seine Atmung, seine Körpersprache übernimmt, führt oft zu aufschlussreichen Reaktionen beim Zuhörer, die er dem Sender dann übermitteln kann.

Beispiel: »Wenn ich in dieser Körperhaltung am Tisch sitze und ganz wenig atme, dann fühle ich mich klein und beengt. Wie ist das bei Ihnen?«

Eine klare Ich-Du-Beziehung, ein wertvolles Feedback: Die gecoachte Person bekommt eine genaue Rückmeldung über ihre Körpersprache und kann selbst herausfinden, mit welchen Gefühlen sie einhergeht. Der Coach wiederum nimmt sich beim Identifikatorischen Fühlen die Zeit, sich nicht nur mental in die Situation der gecoachten Person hineinzudenken, sondern sich ganz real in ihre wahrnehmbaren Körperprozesse einzufühlen, indem er möglichst viel übernimmt: Atmung, Haltung, Blickverhalten, Ton, Modulation. Dadurch gelangt der Coach in der Regel zu einem umfassenderen Verständnis, als wenn er sich nur »mental einfühlt«.

Gefühle erfragen

Wichtig für die Beziehungsklarheit: Wie intensiv sich der Coach auch in seinen Klienten (oder die Führungskraft in den Mitarbeiter) hineinversetzen mag, wie gut er auch wahrnehmen und imitieren kann – es sind immer seine eigenen Gefühle, die er dabei spürt. Auch wenn er dadurch vielleicht näher an die Emotionen seines Gegenübers kommt, sind und bleiben es doch nur Hypothesen und Vermutungen. Der Coach muss also immer wieder beim Klienten dessen Befindlichkeit abfragen. Und er muss sich natürlich rechtzeitig wieder de-identifizieren, wieder zu seinem eigenen Ich zurückkehren – sonst ist es vorbei mit der klaren Ich-Du-Beziehung und die Konfluenz ist vorprogrammiert. Um das Instrument des Identifikatorischen Fühlens professionell und erfolgreich anwenden zu können, bedarf es eines längeren Lernprozesses. Aber das ist wieder ein anderes Thema.

6. 3 Trainingseinheit: Prozess-Feedback

Das Prozess-Feedback ist eine hilfreiche Ergänzung zum Inhalts-Feedback beim Aktiven Zuhören. Während man beim Inhalts-Feedback die sprachlichen Botschaften (das »Was« der Kommunikation) des Gegenübers wiedergibt, konzentriert man sich beim Prozess-Feedback auf das Wie der Kommunikation: auf den sinnlich wahrnehmbaren *Verhaltens-Prozess* des Gegenübers sowie den eigenen subjektiven Wahrnehmens-Erlebens-Prozess.

Schritt 1:

Benutzen Sie Ihre Sinne:

- Was sehe und was höre ich von meinem Gesprächspartner (Fremdwahrnehmung)?
- Was fühle ich in mir als Reaktion darauf (Selbstwahrnehmung)?

> **Beispiel:** Ich sehe einen gesenkten Blick, ich höre eine leise, recht gleichförmige Stimme. Ich fühle mich besorgt. Und mich interessiert, was mit meinem Gesprächspartner los ist.

Schritt 2:

Teilen Sie Ihrem Gesprächspartner mit, was Sie wahrgenommen haben. Stellen Sie zunächst Ihre Fremdwahrnehmung in den Vordergrund (nur in Ausnahmefällen beschreiben Sie auch Ihre Selbstwahrnehmung).

> **Beispiel:** »Herr Müller, ich sehe, dass Ihr Blick gesenkt ist. Sie sprechen sehr leise.«

Schritt 3:

Bringen Sie Ihr *Interesse für die Gefühle* Ihres Gegenübers zum Ausdruck (ein Interesse, das Sie schon im Schritt 1 in sich wahrgenommen habe) – ohne zu interpretieren. Fragen Sie ganz einfach nach.

Beispiel: »Sie senken den Blick und sprechen mit sehr leiser Stimme. Wie geht es Ihnen denn gerade?«

Wenn Sie eine Gefühlsvermutung äußern möchten, dann machen Sie sich und Ihrem Gegenüber klar, dass es sich um eine Hypothese handelt – und formulieren Sie entsprechend.

Beispiel: »Herr Müller, Sie sitzen mit gesenktem Blick vor mir und reden sehr leise. Kann es sein, dass Sie entmutigt sind?«

Bei unseren Vorschlägen geht es um eine Alternative zur Stufe 3 des Aktiven Zuhören, zum »Gefühle verbalisieren«. Dass der Zuhörer natürlich auch die sprachlichen Inhalte (Stufe 2) zusammenfassend wiedergibt, wird hier nicht extra ausgeführt.

7. Handlungsflexibilität

Innere Wahlfreiheit und persönliche Unabhängigkeit

Viele Impulse ergeben viele Handlungsmöglichkeiten

In diesem Buch ist immer wieder die Rede davon, wie wichtig der Zugang zum inneren Erleben und zu den Gefühlen ist. Denn aus Gefühlen entstehen Handlungsimpulse, aus diesen Impulsen entsteht konkretes Verhalten. Mit diesem Zusammenhang können Sie jetzt eine einfache Rechnung aufstellen: Viele Gefühle ergeben viele Handlungsimpulse, und die wiederum viele Verhaltensmöglichkeiten. *Wenn Sie zwischen vielen Verhaltensmöglichkeiten wählen können, dann heißt das, dass Sie Handlungsflexibilität gewinnen.*

Was in der Konsequenz bedeutet: Sie können sich gar nicht genug sensibilisieren für Ihre Gefühle, Ihre Bedürfnisse, Ihr ganzes Erleben. Denn aus dieser Quelle kommen die vielen unterschiedlichen Handlungsimpulse, die notwendig sind für eine Kommunikation, die sich als Persönlichkeitsausdruck versteht. Haben Sie ein bisschen Mut, schauen Sie genau hin!

Ein Beispiel: Angenommen, Sie müssen in Ihrem Berufsalltag eine für Sie völlig neue und ungewohnte Situation bewältigen, die hohe Ansprüche an Ihr fachliches Können stellt. Wenn Sie daran denken, wird Ihnen flau im Magen. Selbst wenn Sie in Ihrem inneren Erleben auf den ersten Blick nur eine große Portion unangenehmer Gefühle wie Unsicherheit oder gar Versagensängste finden – verdrängen Sie sie nicht.

Denn wahrscheinlich gibt es außer den weniger schönen Gefühlen noch andere. Vielleicht finden Sie neben der Unsicherheit und Ängstlichkeit auch noch ein wenig Spaß am Nervenkitzel, den die ungewohnte Situation mit sich bringt. Und vermutlich entdecken Sie zusätzlich den Ehrgeiz, diese Situation erfolgreich bewältigen zu wollen. Der Handlungsimpuls, der aus der Unsicherheit entsteht, ist ein ganz anderer als derjenige, der dem Spaß am Neuen und Aufregenden folgt oder dem Ehrgeiz, eine Herausforderung bewältigen zu wollen.

Wenn Sie die verschiedenen Impulse spüren, können Sie sich auf den konzentrieren, der im Moment wichtig und nützlich ist: zum Beispiel auf die Antriebskraft, die aus Ihren positiven Gefühlen und Bedürfnissen kommt. Sie gewinnen damit Handlungsflexibilität, Sie sind nicht länger das Opfer Ihrer Unsicherheit. Die ist zwar noch da, aber sie ist eben nicht das einzige Gefühl in dieser Situation.

7.1 Situationsgerecht und zielorientiert handeln

Die gesamte Situation in das Handeln einbeziehen

Im Alltag werden Sie in den seltensten Fällen mit Ihrem Gesprächspartner auf einer einsamen Insel sein: Kommunikation (zumal die berufliche) ist oft eingebettet in komplexere Zusammenhänge, die über die unmittelbare Ich-Du-Beziehung hinausgehen – in organisatorische Abläufe, hierarchische Strukturen, vielschichtige soziale Beziehungen. Das verlangt, die gesamte Situation in die Wahrnehmung einzubeziehen und auf dieser Grundlage zu entscheiden, welcher Handlungsimpuls in der jeweiligen Situation der angemessene ist. »Flexibilität im Feld« sagen Psychologen dazu.

Wenn Sie in der Lage sind, Ihr inneres Erleben wahrzunehmen und Ihre verschiedenen Handlungsimpulse zu spüren, dann haben Sie ja grundsätzlich die Wahl zwischen verschiedenen Möglichkeiten. Denken Sie an das Beispiel von der Teamsitzung, in der Sie sich über einen Kollegen ärgern. Sie haben zum einen die Möglichkeit, Ihren Ärger unmittelbar und direkt zum Ausdruck zu bringen (Kontaktverhalten). Sie können aber auch Ihr Bedürfnis, in der Teamsitzung rasch zu einem sachlichen Ergebnis zu kommen, in den Vordergrund stellen und entsprechend handeln (bewusstes Rollenverhalten).

Wirkliche innere Wahlfreiheit

Das Entscheidende dabei ist, die unterschiedlichen Impulse nicht nur wahrnehmen, sondern auf der Ausdrucks- beziehungsweise Handlungsebene auch umsetzen zu können: Sie haben erst dann wirkliche innere Wahlfreiheit, wenn Sie in der Lage sind, die verschiedenen Handlungsmöglichkeiten in der realen Situation tatsächlich auch zu *leben*. Anders gesagt: Schauen Sie sich an, was die Situation an möglichen Handlungsalternativen hergibt – und dann verhalten Sie sich in diesem Gesamtzusammenhang *situationsgerecht und vor allem zielorientiert entsprechend Ihren Bedürfnissen*.

Viele Menschen können das nicht, selbst wenn sie die verschiedenen Verhaltensmöglichkeiten durchaus wahrnehmen. Den Ärger in der konkreten Situation angemessen auszudrücken zum Beispiel ist sicherlich mitunter schwierig, hinunterschlucken scheint auf den ersten Blick oft einfacher. *Aber wenn Sie eine bestimmte Verhaltensmöglichkeit, die Sie Ihren Zielen näher bringen würde, nicht oder nur selten realisieren können, weil Sie Ihnen eher unangenehm ist, dann haben Sie keine wirkliche Wahlfreiheit. Sie sind folglich nicht wirklich flexibel.*

Wechseln zwischen den Alternativen

Flexibel sein heißt beweglich sein, mit einer gewissen Leichtigkeit hin- und herwechseln zu können zwischen den verschiedenen Verhaltensalternativen. Eine Möglichkeit, sich an diese Fähigkeit heranzuarbeiten, bieten wir Ihnen mit der folgenden Trainingseinheit an.

7.2 Trainingseinheit: Probehandeln im vorgestellten Kontakt

- Stellen Sie sich eine Situation vor, in der Sie gerne etwas ansprechen würden, sich aber nicht so recht trauen, weil Ihnen das Thema unangenehm ist (Spannungen in der Beziehung zu einem Kollegen zum Beispiel) oder weil es Ihnen peinlich ist (dass Sie die Menge an Arbeit, die sich bei Ihnen angesammelt hat, allein nicht schaffen).

- Stellen Sie sich die Person vor, der gegenüber Sie sich gerne ausdrücken wollen (einen Kollegen, Ihren Chef). Geben Sie dieser Person einen Platz im Raum, setzen Sie sie zum Beispiel im Geiste auf einen leeren Stuhl.
- Sagen Sie dieser vorgestellten Person gegenüber laut, was Sie ihr gerne sagen möchten: dass Sie sich über ein bestimmtes Verhalten ärgern, dass Sie mehr Unterstützung bei Ihrer Arbeit brauchen.
- Wenn es Ihnen schwer fällt, sich auszudrücken und Sie gerade mal ein paar leise, schüchterne Worte herausbringen, dann probieren Sie das Ganze noch einmal: Atmen Sie vorher mehrere Male tief durch und reden Sie dann wieder mit Ihrem vorgestellten Gegenüber – so lange, bis Sie das, was Sie zu sagen haben, klar und mit fester Stimme mitteilen können.

Sicherheit gewinnen für die reale Situation

Diese Übung ist gewissermaßen ein *Probehandeln*. Das tun Sie ohnehin ständig auf eine andere Weise: in Ihrem Kopf. Wenn Sie zum Beispiel ein Gespräch vorbereiten oder über verschiedene Lösungsmöglichkeiten für ein Problem nachdenken, dann spielen Sie die Alternativen im Geiste durch.

Die hier beschriebene Übung macht dieses Probehandeln ein wenig realer. Statt dass Sie sich nur überlegen, wie es wäre, mit Ihrem Chef zu reden, tun Sie es schon mal laut im vorgestellten Kontakt. In der realen Situation wird es Ihnen später dann leichter fallen. (Das Arbeiten mit dem sogenannten »Leeren Stuhl«, das ursprünglich aus der Gestalttherapie kommt, ist übrigens mittlerweile eine gern genutzte Technik in vielen Managementseminaren.)

8. Präsent sein und bleiben

Selbstcoaching-Techniken zur Unterstützung im Alltag

Aus den vorangegangenen Kapiteln wissen Sie: Effektive Kommunikation findet nicht nur auf der inhaltlichen Ebene, sondern zum größeren Teil auf der Wahrnehmens- und Erlebensebene statt. Wer erfolgreich kommunizieren will, muss also auf dieser Ebene persönlich präsent sein. Persönliche Präsenz beziehungsweise Selbstbewusstheit haben wir definiert als achtsames, aufmerksames Erleben der inneren Realität (einschließlich der eigenen Ziele und Bedürfnisse) sowie des äußeren Verhaltens. Wenn Sie in diesem Sinne persönlich präsent sind, sind Sie lebendig und innerlich »im Fluss«. Lebendig und fließend wird dann automatisch auch Ihre Kommunikation.

Die inneren Ressourcen mobilisieren

Persönlich präsent sein, auch über einen längeren Zeitraum hinweg – das ist beim gemütlichen Plausch mit Freunden noch ganz gut zu bewerkstelligen. Weitaus schwieriger wird es in langwierigen, zähen geschäftlichen Verhandlungen oder im Dialog mit einem Gesprächspartner, mit dem Sie nicht klarkommen.

Wichtig zu wissen: Es gibt Möglichkeiten der Selbstunterstützung, mit denen Sie auch in solchen schwierigen Situationen die inneren Ressourcen mobilisieren und im Sinne Ihrer Ziele und Interessen einsetzen können. *Diese Selbstcoaching-Techniken setzen an bei der Atmung, der körperlichen Grundspannung und der Bewegung. Sie beinhalten als vierte Unterstützungsmöglichkeit die sogenannte Gegenwartszentrierung.*

Ganzheitliches Erfahrungslernen

Lernen mit Kopf und Bauch

Die Möglichkeiten der Selbstunterstützung sind Thema dieses Kapitels. Es ist umfangreich und eines der wichtigsten: Sie lernen jetzt, wie Sie Kommunikationssituationen so steuern können, dass sie befriedigender und effektiver werden – nicht indem Sie den Anderen manipulieren, sondern indem Sie Ihr eigenes Erleben und Verhalten beeinflussen. Und Sie finden Übungen, um dieses Wissen emotional zu verankern. Denn das intellektuelle Begreifen ist wichtig, aber noch nicht genug: Erst wenn Sie *ganzheitlich erleben*, wie es Ihnen zum Beispiel mit einer optimalen Atmung oder einer guten Grundspannung geht, werden Sie den vollen Nutzen davon haben.

Praktische Erfahrungen machen

»Ganzheitliches Erfahrungslernen« nennen wir diesen Weg. Ganzheitlich deshalb, weil dabei nicht nur Kopf und Verstand, sondern auch Bauch und Gefühl beteiligt sind. Erfahrungslernen, weil nicht nur geredet und nachgedacht wird, sondern auch praktische Erfahrungen gemacht werden.

Auf diese Weise lernen Sie wirklich nachhaltig. Dieser Weg sorgt dafür, dass Sie die Selbstcoaching-Techniken nicht nur *kennen*, sondern sie in schwierigen Situationen ganz selbstverständlich zur Verfügung haben und ohne Mühe anwenden können.

8.1 Die Atmung

Atmung ist Energie

Atmung ist Leben. Ohne Luft geht gar nichts. Und natürlich atmen Sie – aber sind Sie sich auch dessen bewusst, wie Sie das tun? Es lohnt sich, darauf zu achten, denn *die Atmung ist in jeder Kommunikationssituation die Selbstunterstützung par excellence*.

Warum? »Atmung ist Energie«, sagt der Psychotherapeut Alexander Lowen, der Begründer der Bioenergetik: »Wenn man die Energie eines Menschen steigert, wirkt sich das unmittelbar auf seine Persönlichkeit aus. Es fördert seine Spontaneität, erhöht seine Sensibilität und schärft sein Denken. Ein reduzierter Energiepegel verlangsamt alle Persönlichkeitsfunktionen.«

Wenn Ihnen die Luft wegbleibt

Erinnern Sie sich an ein Gespräch, in dem Sie sich unbehaglich gefühlt haben, an eine Situation, die für Sie unbefriedigend oder ineffektiv war. Vielleicht an eine Konferenz, in der Sie Kritik ausgesetzt waren, oder an eine unfruchtbare Diskussion mit Ihrem Chef. Oder an eine heftige Auseinandersetzung mit Kollegen, nach deren Ende alle ziemlich verärgert auseinander gegangen sind.

Ohne vollständige Atmung keine persönliche Präsenz

Achten Sie auf Ihre Atmung, wenn Sie sich diese Situation nun noch einmal vergegenwärtigen: Vermutlich wird sie sogar noch jetzt in der Erinnerung eher flach und reduziert sein – vielleicht halten Sie sogar ein wenig die Luft an.

Jede Wette, dass Sie in der konkreten Situation noch viel weniger Luft bekommen haben! Denn immer dann, wenn es unangenehm wird, klappt es auch mit dem Atmen nicht mehr so recht: Jede Störung, jede Einschränkung der Kommunikation ist verbunden mit einer eingeschränkten Atmung. Und dann ist es schnell vorbei mit der persönlichen Präsenz.

Prüfen Sie es selbst nach. Wenn Sie sich das nächste Mal in einem Kontakt unwohl fühlen, dann schauen Sie nach Ihrer Atmung: Sie wird (siehe oben) vermutlich reduziert sein, flach, verhalten. Wahrscheinlich beschränkt sich Ihre Atmung auch auf den Oberkörper, und die Luft kommt gar nicht dort an, wo sie eigentlich hin soll – nämlich tief in den Bauch.

Das Schöne ist: In dem Moment, in dem Ihnen das bewusst wird, verändert sich schon etwas. Wenn Sie spüren, dass Sie die Luft anhalten, werden Sie ganz von selbst wieder mehr atmen wollen. Und wenn Sie schon dabei sind, dann gehen Sie doch noch einen Schritt weiter: Atmen Sie nicht nur bewusst, sondern auch vollständig – in den Bauchraum, den Brustraum und die Schlüsselbeinregion.

Die Vorteile der vollständigen Atmung

Was haben Sie davon? Eine ganze Menge. Mit einer vollständigen Atmung fühlen Sie sich ganz einfach besser. Atmung ist Energie, also haben Sie mehr Energie zur

Verfügung – und die brauchen Sie gerade in schwierigen Kommunikationssituationen. Sie fühlen sich freier, weniger beengt und weniger ängstlich. Sie fühlen sich sicherer und fester. Kurz gesagt: Sie sind lebendig und im Fluss.

Wenn Sie vollständig atmen, gewinnt Ihre Stimme an Ausdruckskraft, sie wird reicher, voller und tiefer. Das ist entschieden besser, als wenn Sie mit dem letzten Restchen Luft ein paar piepsige, gepresste Worte hervorbringen. Denken Sie daran: 38 Prozent der Wirkung Ihrer Kommunikation erzielen Sie über die Stimme.

Und noch etwas: Wer gut atmet, kann sich besser bewegen; nicht nur äußerlich, sondern auch innerlich. Die Atmung stützt also auch die Handlungsflexibilität.

8.1.1 Trainingseinheit: Vollständige Atmung

Mit dieser Trainingseinheit werden Sie ein Gefühl dafür bekommen, wie sich bewusste, vollständige Atmung anfühlt.

- Setzen Sie sich bequem auf einen Stuhl, lehnen Sie sich an. Konzentrieren Sie sich auf Ihre Atmung: Ist sie tief oder flach, regelmäßig fließend oder verhalten? Schließen Sie die Augen, damit Sie die Atmung noch deutlicher spüren können.
- Jetzt verfolgen Sie bewusst den Weg, den die Luft beim Atmen nimmt: Spüren Sie, wie die Luft ein- und ausströmt? Bemerken Sie auch die winzige Pause in diesem Rhythmus jeweils am Ende der Ein- und Ausatmung?
- Lenken Sie Ihre Aufmerksamkeit nun auf Ihren Bauch: Bewegt er sich beim Atmen, hebt und senkt er sich? Wenn Sie die Hand auf den Bauch legen, können Sie die Bewegungen noch besser spüren. Dann gehen Sie mit Ihrer Aufmerksamkeit in den Brustbereich und prüfen, ob und welche Bewegungen die Atmung dort verursacht. Und schließlich achten Sie noch auf Ihre Schlüsselbeinregion: Hebt und senkt sie sich beim Ein- und Ausatmen?

- Verändern Sie Ihre Sitzhaltung: Setzen Sie sich aufrecht hin, lehnen Sie sich nicht mehr an und konzentrieren Sie sich wieder auf die Atmung im Bauch-, Brust- und Schlüsselbeinbereich. Ändert sie sich mit der Sitzhaltung?
- Stehen Sie jetzt auf und laufen Sie ein paar Schritte im Raum umher. Gehen Sie erst langsam und dann ein wenig schneller. Spüren Sie, wie die Atmung tiefer und freier wird, wie sie sich lockert in der Bewegung?

Bewegung verändert die Atmung

Machen Sie diese Übung immer wieder, wenn Sie ein paar Minuten Zeit für sich haben. Ganz wichtig: Atmen Sie nicht nur tief ein, sondern auch ebenso tief wieder aus. Je mehr Sie ein Gefühl für die vollständige Atmung bekommen, desto leichter und selbstverständlicher wird es sein, in schwierigen Situationen darauf zurückzugreifen und diese ideale Möglichkeit der Selbstunterstützung zu nutzen.

8.1.2 Wann unterbrechen Sie sich?

Wer die Luft anhält, unterdrückt Gefühle

Wir haben bereits früher vom Zusammenhang zwischen Gefühl – Handlungsimpuls – Verhalten gesprochen. An jeder dieser Stellen kann es Unterbrechungen geben im Kommunikationsfluss. Diese Unterbrechungen gehen immer mit einer eingeschränkten Atmung einher. Damit Sie sich selbst gut unterstützen können, ist es wichtig, genau hinzuschauen, an welcher Stelle Ihre Atmung flacher wird oder Sie sogar die Luft anhalten: bei den Gefühlen schon, bei den Handlungsimpulsen oder erst beim Verhalten?

Falls Sie sich selbst schon auf der Gefühlsebene knebeln, indem Sie die Luft anhalten, dann werden Sie Ihre Emotionen erst gar nicht wahrnehmen. Die Luft anzuhalten, wenn es brenzlig wird, ist ein häufig praktizierter und auch todsicherer Weg, Gefühle zu unterdrücken – vor allem die unangenehmen: Wer wenig atmet, fühlt wenig.

Aufgestautes kommt an anderer Stelle zum Vorschein

Diese Abwehrtechnik ist nicht ganz unproblematisch. Wenn Sie zum Beispiel beim ersten Anzeichen von aufkommendem Ärger die Atmung reduzieren, dann werden Sie diesen Ärger in der Tat nicht spüren. Das mag vielleicht im ersten Moment erleichternd erscheinen, ist aber auf Dauer kein empfehlenswerter Weg. Selbst wenn Sie den Ärger im Moment nicht wahrnehmen – er ist und bleibt trotzdem da. Das werden Sie spätestens dann wissen, wenn der Arzt Ihre Magenbeschwerden behandelt.

Vielleicht schränken Sie Ihre Atmung auch erst auf der Ebene der Handlungsimpulse ein. Das heißt, Sie spüren Ihren Ärger, halten aber dann die Luft an – womit Sie Ihren Impuls, den Ärger (zum Beispiel) laut auszudrücken, gar nicht erst wahrnehmen. Auch das wird Ihnen langfristig auf den Magen schlagen.

Die dritte Möglichkeit: Sie spüren Ihr Gefühl, den Ärger, und auch den Handlungsimpuls, nämlich den Ärger auszudrücken, und Sie stoppen dann die Atmung an dieser Stelle. Damit kehren sie den Impuls unter den Teppich, statt ihn in Verhalten umsetzen. Ihr Kommunikationspartner kommt in dem Fall ungeschoren davon. Aber bei Ihnen selbst staut sich wieder etwas auf. Und vermutlich trifft es dann den erstbesten Menschen in Ihrem privaten Umfeld, der einen unverdienten Anpfiff abkriegt. Oder Sie richten Ihren Ärger unbewusst gegen sich selbst.

Die Atmung ganz bewusst einsetzen

Unser Ziel ist es, Ihnen bewusst zu machen, dass solche Unterdrückungsprozesse und Vermeidungen auf jeder dieser drei Ebenen (Gefühl, Handlungsimpuls oder Verhalten) immer einhergehen mit einer reduzierten Atmung. Überprüfen Sie das im Alltag – Sie können dann den Punkt lokalisieren, an dem Sie sich selbst einschränken.

Nutzen Sie an diesen Stellen die Möglichkeit der Selbstunterstützung, die eine vollständige Atmung bietet: Gerade dann, wenn Sie sich starr, unsicher, ängstlich oder sonst irgendwie unwohl fühlen. Sie werden feststellen, dass Sie mehr Souveränität und Flexibilität gewinnen, wenn Sie tiefer atmen. Sie können mit dieser Energie Gefühle und

Impulse wahrnehmen und in angemessenes Verhalten umsetzen. Genau das ist effektive Kommunikation.

Atmung und Stress

Vollständiges Atmen reduziert die Stressgefühle

Noch einen großen Vorteil bietet eine gute, vollständige Atmung: Sie ist eines der wirksamsten Mittel zur Stressreduktion, wie längst aus der Stressforschung bekannt ist. Sie wissen ja jetzt, dass unbehagliche Situationen immer mit einer Einschränkung der Atmung verbunden sind. Nehmen Sie sich also genügend Luft, atmen Sie tief durch – es wird Ihnen rasch besser gehen.

Vermutlich kennen Sie diesen Weg zur Stressreduzierung sogar schon. Viele Menschen setzen ihn ganz instinktiv ein. Wenn sie zum Beispiel ein Problem wälzen, zu keiner Lösung kommen und immer unruhiger werden, dann machen manche Leute einen langen Spaziergang. Oder sie joggen eine halbe Stunde oder verschaffen sich auf andere Weise Bewegung. Was passiert dann? Durch die körperliche Aktivität vertieft sich die Atmung ganz automatisch, und die Stressgefühle lassen nach.

Denselben Effekt können Sie auch im Berufsalltag haben, ohne dass Sie bis zur Mittagspause oder bis zum Feierabend warten müssen: Indem Sie auf Ihre Atmung achten und gegensteuern, wenn sie zu flach wird.

Zum Schluss möchten wir Ihnen zwei weitere Trainingseinheiten anbieten, bei denen Sie sich noch ein wenig mehr mit Ihrer Atmung befassen können. Bei der ersten geht es darum, wie sich die Stimmqualität verändert, wenn Sie flach beziehungsweise vollständig atmen. Die zweite Übung lenkt den Blick auf Ihre Atmung im Kontakt mit anderen Menschen.

8.1.3 Trainingseinheit: Atmung und Stimmqualität

Die Wirkung Ihrer Kommunikation hängt zum großen Teil von der Stimme ab. Die Stimmqualität wiederum wird entscheidend von der Atmung beeinflusst.

- Sie üben mit den beiden schlichten Worten »Ja« und »Nein«. Sprechen Sie beide Worte ganz einfach laut aus und achten Sie dabei auf die Atmung und auf Ihre Gefühle. Wann genau sprechen Sie? Fließt das »Ja« oder das »Nein« mit der Atmung? Oder holen Sie Luft, halten aber dann die Luft beim Sprechen an?
- Jetzt probieren Sie die Gegensätze aus: Halten Sie die Luft an und versuchen Sie, »Ja« oder »Nein« zu sagen. Sie werden merken, wie sich der Bauch- und Brustraum anspannt, wie die Stimme gepresst und »atemlos« klingt, und vermutlich werden Sie sich auch gepresst und eng fühlen.
- Nehmen Sie sich nun viel Luft und sagen Sie »Ja« und »Nein« ganz bewusst zu Beginn der Ausatmung. Achten Sie wieder auf die Stimme und auf Ihr Gefühl beim Sprechen. Sie werden spüren, wie die Stimme voller, kräftiger und tiefer wird. Und Sie werden sich freier und energiegeladener fühlen.

8.1.4 Trainingseinheit: Atmung und Kontakt

Die erste Übung haben Sie allein für sich gemacht. Die zweite Übung machen Sie unter Menschen, zum Beispiel in einem Café, in einer Kneipe oder in der Kantine.

- Ihre Aufgabe ist es, bei der Begegnung mit anderen Menschen Ihre Atmung im Auge zu behalten. Wie sieht die zum Beispiel aus, wenn Sie das Café oder die Kantine betreten? Halten Sie vielleicht ein wenig die Luft an, weil Sie unsicher sind, wo Sie sich hinsetzen sollen?
- Verändert sich die Atmung, wenn Sie einen angenehmen Platz gefunden haben? Wird sie regelmäßiger? Wie ist es, wenn die Kellnerin freundlich auf Sie zugeht? Was passiert, wenn sich jemand zu Ihnen setzen möchte, der Ihnen eher unangenehm ist?
- Wenn Sie die Menschen in der Umgebung betrachten: Gibt es einen Unterschied in Ihrer Atmung bei den

Menschen, die Sie als angenehm oder anziehend empfinden, im Gegensatz zu denjenigen, die auf Sie eher unangenehm oder gar abstoßend wirken?

- Wenn Sie feststellen, dass Sie in einer bestimmten Situation die Luft anhalten, dann kehren Sie ganz bewusst zur vollständigen Atmung zurück – und schauen Sie nach, ob und wie sich Ihre Gefühle dabei verändern.

8.2 Die Bewegung

Was hat Bewegung mit effektiver Kommunikation zu tun? Erstaunlich viel. Bewegung ist nach der Atmung der zweite wichtige Faktor, mit dem Sie sich selbst unterstützen können.

E-motion: Die innere Bewegung

Sie wissen ja inzwischen, dass das innere Erleben, die Gefühle, die wichtigsten Antriebskräfte für das Verhalten sind. Ein anderes Wort für Gefühl ist Emotion, und hier wird der Zusammenhang zur Bewegung schon deutlich. Denn eine »E-motion« ist übersetzt nichts anderes als eine innere Bewegung, die nach außen gerichtet ist, auf einen Gesprächspartner oder ein Gegenüber hin. Und von einem Menschen, der starke Gefühle hat, sagt man nicht ohne Grund, dass er innerlich »sehr bewegt« ist.

Bleiben Sie lebendig

Diese inneren Bewegungen drücken sich nach außen aus – ob Sie wollen oder nicht, ob Sie es merken oder nicht. Ein gesunder Mensch produziert einen ständigen Fluss von Bewegungen: Blick, Mimik, Gestik, räumliches Verhalten, selbst die Atmung – alles ist Bewegung. »Ein lebendiger Körper bewegt sich immer irgendwie«, sagt der Bioenergetiker Alexander Lowen. Und: »Je lebendiger Ihr Körper ist, desto mehr sind Sie auf der Welt.«

Ein lebendiger Mensch also ist einer, dessen natürlicher Atmungs- und Bewegungsfluss ungestört ist und authentisch, weil er Ausdruck seiner Emotionen ist.

Solche Menschen haben eine positive, manchmal sogar charismatische Ausstrahlung, sie wirken attraktiv. Ganz im Gegensatz zu eher depressiven Menschen, die bewegungslos in sich zusammengesunken oder erstarrt sind.

Das heißt: Je intensiver und bewusster der Ausdruck und das Verhalten, desto besser die Wirkung. Halten Sie sich also lebendig in Ihrer Kommunikation – mit der Atmung und auch mit Bewegung.

Äußerlich starr – innerlich starr

Bewegung fördert die innere Wahrnehmung

Über die Bewegung lässt sich die Kommunikation ebenfalls steuern. Hier gilt vor allem eines: Starre ist unproduktiv. Und äußerliche Starre zieht in vielen Fällen innere Starre nach sich.

Viele Gesprächssituationen kranken daran, dass sich Menschen auf ihren Stühlen bewegungslos gegenübersitzen, und das mitunter über lange Zeiträume hinweg. Irgendwann verlieren sie ihre Lebendigkeit und treten innerlich weg, einfach deshalb, weil die Bewegung fehlt. Bewegung fördert die innere Wahrnehmung (ausgenommen bei hyperaktiven Menschen). Starre Positionen hingegen schränken sie ein.

Die Lizenz zum Bewegen

Stellen Sie sich einen Menschen vor, der Sie mit seinem Blick fixiert und mit vielen Worten auf Sie einredet. Ohne Selbstunterstützung werden Sie früher oder später Ihre Lebendigkeit, Ihre persönliche Präsenz verlieren und innerlich erstarren. Effektive Kommunikation ist dann nicht mehr möglich.

Aber wenn Sie Ihr inneres Erleben und Ihr äußeres Verhalten wahrnehmen, können Sie gegensteuern. Zum Beispiel über die Bewegung Ihrer Augen. Sitzen Sie nicht da wie das Kaninchen vor der Schlange: Sie selbst können bestimmen, wann Sie wohin schauen. Sehen Sie Ihrem Gesprächspartner in die Augen, aber schauen Sie auch wieder weg – auf Ihre Unterlagen oder kurz aus dem Fenster, und schauen Sie ihn dann wieder an. Bewegen Sie sich auf Ihrem Stuhl, und wenn es möglich ist, dann stehen Sie auf und gehen ein paar Schritte im Raum auf und ab.

Gehen hilft beim Denken

Wenn Sie befürchten, dass Ihr Gegenüber das ein wenig seltsam findet, dann können Sie ihm immer noch mit einem freundlichen Lächeln sagen: »Meine grauen Zellen arbeiten besser, wenn ich mich bewege.« Und das ist nichts als die Wahrheit. Bewegung hilft beim Denken – vor allem dann, wenn Gesprächspartner in ihrem Thema oder in ihrem Kontakt »feststecken«: Sie hilft, weil sich die Atmung vertieft, und weil sich auch starre Beziehungspositionen auflösen, wenn man sich nicht mehr verbissen gegenüberhockt.

Wenn die Kommunikation entspannt und harmonisch ist und alles wie von selber geht – wunderbar, dann dürfen Sie auch gerne ruhig sitzen bleiben. Aber sobald die ganze Angelegenheit unangenehm oder auch nur langweilig wird, sollten Sie sich bewegen, und zwar in der Weise, wie es die jeweilige Situation erlaubt. Denn Ihre innere Befindlichkeit drückt sich im äußeren Verhalten aus. Wie Sie sich fühlen, ob lebendig oder erstarrt oder gelangweilt, so wirken Sie auf Ihren Gesprächspartner (selbst wenn Sie unangenehme Gefühle zu überspielen versuchen). Die Selbstunterstützung durch die Bewegung ist wichtig, damit Sie sich selbst (wieder) gut fühlen. Die Wirkung auf Ihr Gegenüber verändert sich dann von allein.

Bewegung und Atmung: Der Zusammenhang

Atmung und Bewegung hängen zusammen, das haben Sie schon bei den Übungen im vorangegangenen Kapitel gespürt. Zum einen vertieft sich die Atmung, wenn Sie sich bewegen. Zum anderen führt eine vertiefte Atmung aber auch häufig zum Bewegungsbedürfnis.

Wenn Sie in einer unangenehmen Situation feststecken und sich über eine tiefere Atmung selbst unterstützen, dann werden Sie vielleicht Unruhe spüren und zum Beispiel anfangen, mit den Füßen zu wippen oder auf dem Stuhl hin- und her zu rutschen. Erlauben Sie sich das (zumindest für kurze Zeit), es kommt Ihrer kommunikativen Kompetenz zugute. Denn diese Bewegungsimpulse sagen Ihnen etwas über Ihre Bedürfnisse in der jeweiligen Situation: »Ich hätte gern, dass die Besprechung zügiger läuft«, könnte ein solches Bedürfnis sein.

Mit dieser Klarheit über Ihre Bedürfnisse können Sie den nächsten Schritt gehen: Zum Beispiel Ihr Interesse ins Gespräch einbringen (»Ich habe den Eindruck, wir treten auf der Stelle. Mein Vorschlag ist...«)

Bewegen kann man sich auch im Sitzen

Viele Menschen unterdrücken ihre Bewegungsimpulse und fallen damit wieder in die Unbeweglichkeit und Starre, aus der sie eigentlich über die Bewegung instinktiv herauskommen wollten. Die äußere Unbeweglichkeit wird aber wieder auf das innere Erleben, das Denken und die Kommunikation abfärben – und damit entfernen Sie sich aufs Neue vom Ziel der Effektivität.

Optimal ist es, wenn Sie in schwierigen Situationen aufstehen und ein paar Schritte gehen können. Wenn gar nichts möglich ist, erlauben Sie sich die Bewegung im Sitzen. Sie steigern damit insgesamt Ihre Lebendigkeit, und das wird Ihr Gesprächspartner positiv vermerken – die wippenden Füße sind dann Nebensache.

8.3 Die Körperspannung

Positive und negative Spannung

Das Wort »Spannkraft« kennen Sie. Zerlegen Sie es in seine Einzelteile: Es besagt nichts anderes, als dass eine gute Körperspannung ein Gefühl der Kraft gibt. Und dass umgekehrt ein Gefühl der Kraft- und Energielosigkeit mit dem Verlust eben dieser Spannung einhergeht. Womit wir nun nach Atmung und Bewegung beim dritten Punkt wären, wie Sie sich in Ihrem Kommunikationsalltag selbst unterstützen können – indem Sie darauf achten, genügend Körperspannung aufzubauen und zu erhalten.

Das kommt Ihnen jetzt vielleicht seltsam vor: Schließlich haben Sie einen anstrengenden Job und könnten eher ein bisschen *Ent*spannung brauchen, oder nicht? Das mag schon sein – aber die positive Grundspannung, von der wir hier reden, hat nichts mit unangenehmen Verspannungen zu tun.

Die stressbedingte Verspannung, die Ihnen womöglich immer wieder zu schaffen macht, ist eine körperliche Reaktion auf eine belastende Situation. Diese Verspannung schlägt sich in einem ganz bestimmten, umgrenzten Bereich schmerzhaft nieder: im Nacken vielleicht, am Rücken oder auch im Kopf (beim sogenannten »Spannungskopfschmerz« zum Beispiel).

Die Grundenergie des Körpers

Die positive Grundspannung hingegen hat nichts Verkrampftes – im Gegenteil: Man könnte sie eher beschreiben als Grundenergie des Körpers, eine Art Bereitschaftshaltung, die ihn in die Lage versetzt, jederzeit zu agieren oder zu reagieren. Diese Grundenergie ist nicht auf einen bestimmten Körperteil begrenzt, sie ist etwas Ganzheitliches. Wenn Ihr Körper Spannung hat, spüren Sie ihn von Kopf bis Fuß – und sich selbst in Ihrer ganzen Körperlänge. Das überträgt sich auf Ihr inneres Befinden: Sie fühlen sich groß, selbst wenn Sie rein äußerlich kein Gardemaß mitbringen.

Bleiben Sie aufrecht

Charlie Brown, der sympathische Pechvogel aus den »Peanuts«-Cartoons, ist Experte in Sachen Körperspannung: »Wenn man mies drauf ist, dann macht es sehr viel aus, wie man steht«, erklärt er seiner Freundin Sally. Charlie Brown lässt den Kopf hängen und die Schultern, ein Bild des Jammers: »Dies ist meine Haltung, wenn ich mies drauf bin.« Und er weiß noch mehr: »Das Schlimmste, was man tun kann, ist gerade stehen und den Kopf hoch halten, weil man dann anfängt, sich besser zu fühlen.«

Recht hat er. Aber vermutlich sind Sie im Gegensatz zu Charlie Brown nicht daran interessiert, sich im Berufsalltag mies zu fühlen. Lassen Sie sich also nicht hängen – auch nicht körperlich.

Aufrechte Haltung fördert persönliche Präsenz

Wenn die Grundspannung fehlt, ist das meistens äußerlich recht gut sichtbar. Menschen ohne Grundspannung wirken wie in sich zusammengesunken, sie haben keine aufrechte Körperhaltung, sie wirken leblos, ihr Gesicht ist ausdruckslos. Wenn Sie einen solchen Menschen als Gesprächspartner haben, bekommen Sie vermutlich den Eindruck: »Der ist irgendwie nicht richtig da.«

Sehr wahrscheinlich haben Sie Recht, das äußere Verhalten korrespondiert ja mit der inneren Befindlichkeit. Wer äußerlich zusammensinkt, tut das meist auch innerlich. Der Umkehrschluss gilt jedoch auch: Körperliches Aufrechtsein ist in vielen Fällen die Voraussetzung für persönliche Präsenz.

Das kann man ausprobieren: Sinken Sie doch einmal in Ihrem Stuhl zusammen, lassen Sie sich an die Lehne sinken wie ein kraftloses Häufchen Elend. Wie geht es Ihnen in dieser Haltung? Dann rutschen Sie weg von der Lehne, heben den Kopf und richten sich ganz gerade wieder auf: Wie fühlen Sie sich jetzt?

Spannung und Selbstwertgefühl

Die Haltung hat auch Einfluss auf das Selbstwertgefühl: »Ich bin jemand«, sagt eine aufrechte Haltung mit guter Grundspannung. Gerade wenn Sie es mit einem selbstbewussten Gesprächspartner zu tun haben, ist es wichtig, ihm auf gleicher »Augenhöhe« zu begegnen – und dafür müssen Sie sich aufrichten. Das Gegenteil von Aufrecht-Sein ist sich ducken oder in sich zusammenfallen. Und beides ist nicht gerade ideal für effektive Kommunikation.

Sich aufrichten stärkt das Selbstwertgefühl

Ohne Spannung sind Sie nicht aufrecht, sondern Sie überlassen sich der Schwerkraft der Erde. Das mag ein angenehmes Gefühl sein, wenn Sie abends zuhause aufs Sofa plumpsen, aber reservieren Sie es auch für die privaten Situationen. In diesem Zustand können Sie sich zwar wohl fühlen, aber schlecht kommunizieren – jedenfalls nicht im beruflichen Alltag.

Bleiben Sie wach

Spannung hängt auch mit Wachheit zusammen. Das ist der Grund, warum Sie sich morgens nach dem Aufwachen recken und strecken – ein natürlicher Reflex, der Sie über die Körperspannung nach dem entspannten Schlafzustand, nach dem Loslassen, in einen anderen Energiezustand versetzt: in die wache Bereitschaft, den Tag zu beginnen. Und diese wache Aufmerksamkeit brauchen Sie, wenn Sie effektiv kommunizieren wollen – damit Sie bewusst wahrnehmen können, was sich in Ihnen und um Sie herum abspielt.

Wenn die Grundspannung fehlt, werden Sie also in sich zusammensinken, äußerlich und vermutlich zumindest ein Stück weit auch innerlich: Klar, dass Sie nicht gerade der ideale Gesprächspartner sind, wenn Sie sich quasi im Kollaps befinden. Wichtig ist, dass Sie merken, wenn dieser Fall eintritt. Und dann dürfen Sie sich freuen: Denn die Bewusstheit Ihres inneren Erlebens ist die Voraussetzung dafür, dass Sie die Maßnahmen der Selbstunterstützung einleiten können, die aus dem Kollaps herausführen.

8.4 Trainingseinheit: Atmung, Bewegung, Spannung

Das Zusammenspiel zwischen den drei Faktoren

Diese Übung soll Ihnen ein Gefühl vermitteln für das Zusammenspiel zwischen Atmung, Bewegung und Körperspannung einerseits und Ihrem inneren Erleben andererseits. Sie ist ein wenig umfangreicher und komplexer als die bisherigen Trainingseinheiten.

- Stellen Sie sich im Abstand von etwa 30 bis 50 Zentimetern vor eine Wand. Legen Sie beide Hände an die Wand und versuchen Sie, sie »wegzudrücken«.
- Achten Sie auf die Atmung: Fließt sie regelmäßig, oder halten Sie beim Drücken die Luft an? Wie ist Ihre Körperspannung? Wenn die Wand nachgeben würde beim Drücken, würden Sie dann stehen bleiben oder nach vorne fallen? Ist Letzteres der Fall, dann haben

Sie zu wenig Stand und zu wenig Grundspannung. Beides brauchen Sie für eine effektive Kommunikation – wenn Ihnen Standfestigkeit und Spannung fehlen, haben Sie nicht gerade die beste Position Ihrem Gesprächspartner gegenüber.

- Als nächsten Schritt drücken Sie abwechselnd lange gegen die Wand beziehungsweise kurz und stoßweise. Atmen Sie tief ein und laut aus durch den offenen Mund – Sie sollen die Atemgeräusche dabei hören.
- Jetzt nehmen Sie noch ein Wort hinzu: Drücken Sie wieder abwechselnd lang beziehungsweise kurz und stoßweise gegen die Wand, atmen Sie bewusst und vollständig und sagen Sie zu Beginn der Ausatmung »Ja« oder »Nein« oder »Ich«.
- Gut möglich, dass Ihnen bei dieser Übung eine Person oder eine Situation vor das innere Auge kommt, die Sie gerne »wegdrücken« möchten. Tun Sie es in der Vorstellung: Sagen Sie »Ich«, »Ja« oder »Nein« zu der Situation oder Person – mit der tiefen Atmung und der guten Körperspannung, die Sie über die Bewegung aufgebaut haben.
- Wie fühlen Sie sich dabei? Kraftvoll und energiegeladen vermutlich. Diese Unterstützung, die durch Atmung, Spannung und Bewegung kommt, können Sie genauso im Alltag mobilisieren. Auch wenn gerade keine Wand zur Hand ist.

8.5 Praxis-Tipp: Selbstcoaching im Alltag

Unterstützung aufbauen

Wie können Sie diese Selbstcoaching-Techniken nun ganz konkret im Alltag anwenden? Zum einen können Sie sich schon vorher selbst unterstützen, bevor Sie in ein Gespräch oder einen Kontakt gehen. Atmen Sie ein paar Mal langsam und tief ein und aus, bewegen Sie sich ein wenig und spüren Sie, wie der Körper dadurch mehr Spannung bekommt, wie Sie wach und präsent werden. Im Idealfall bleiben Sie jetzt bei dieser vollständigen Atmung und halten die Spannung aufrecht.

Aber das Leben ist hart, der Berufsalltag sowieso, und nicht immer läuft alles nach Wunsch. Beobachten Sie sich selbst immer wieder, wenn die Lage unbehaglich wird, wenn Sie einen »schwierigen« Gesprächspartner haben, ein problematisches Thema: Wie ist die Atmung, die Körperspannung? Fühlen Sie sich noch beweglich oder eher erstarrt? In unangenehmen Situationen passiert vermutlich Folgendes: Sie werden flacher atmen, die Luft eher anhalten, Ihre Bewegungen reduzieren und sehr wahrscheinlich die Grundspannung verlieren – je nach Größe des Problems mehr oder weniger.

Die Hilfen: Atmung, Spannung, Bewegung

Niemand zwingt Sie, im Kollaps zu verharren. Sorgen Sie dafür, dass die Grundspannung zurückkehrt: Richten Sie sich zunächst körperlich auf. Wenn Sie sitzen, können Sie auf Ihrem Stuhl nach hinten rutschen und den Oberkörper an die Lehne drücken – Sie biegen so die Schultern ein wenig nach hinten. Das macht automatisch aufrecht und weiter im Brustbereich, Sie bekommen damit ganz von selbst mehr Luft. Atmen Sie langsam, vollständig und bewusst. Oder Sie rutschen nach vorne, auf die Kante des Stuhls, weg von der Lehne, und richten sich dabei auf.

Über die höhere Grundspannung und die verbesserte Atmung werden Sie vermutlich auch Bewegungsimpulse bekommen. Gehen Sie diesen nach, soweit es die Situation erlaubt. Irgendetwas ist immer möglich: Wenn Sie sitzen bleiben müssen, bewegen Sie eben Ihre Beine. Wenn es möglich ist, stehen Sie auf, und vielleicht können Sie sich sogar ein paar Schritte durch den Raum bewegen.

Sie werden merken, dass die äußerliche Beweglichkeit sich auch innerlich niederschlägt: Das heißt, sie werden (wieder) flexibel in Ihrem Kommunikationsverhalten und sind nicht länger Opfer der unangenehmen Gefühle, die eine schwierige Situation mit sich bringt.

Beginnen Sie, wo Sie wollen

Es ist übrigens nicht entscheidend, an welcher Stelle Sie mit der Selbstunterstützung beginnen. Wenn das Erste, was Ihnen bewusst wird, die reduzierte Atmung ist, dann holen Sie eben tief Luft – die Grundspannung verändert sich damit automatisch. Wenn Sie sich erstarrt fühlen, dann bewegen Sie sich – automatisch kommt dann die Spannung zurück und die Atmung wird tiefer. Egal, womit Sie anfangen: Sie werden durch diese Selbstunterstützung schwierige Kommunikationssituationen sehr viel besser und erfolgreicher bewältigen können.

8.6 Die Gegenwartszentrierung

Unterstützung auf mentaler Ebene

Atmung, Bewegung, Spannung – das ist die physisch orientierte Seite der Selbstunterstützung. Sie können noch mehr für sich tun, und zwar auf der mentalen Ebene: Versuchen Sie, mit Ihrer Aufmerksamkeit in der aktuellen Situation zu bleiben, im Jetzt. Nur da spielt sich die reale Kommunikation ab, wie wir weiter vorn schon gezeigt haben, und zwar zum überwiegenden Teil auf der Wahrnehmens- und Erlebensebene, nicht in der Gedankenwelt.

Wenn Sie immer wieder von der Inhaltsebene auf diese Wahrnehmens- und Erlebensebene wechseln, dann tun Sie ganz automatisch das, was wir hier Gegenwartszentrierung nennen. Das ist generell ein wichtiger Faktor für effektive Kommunikation. Sie können die Gegenwartszentrierung aber auch ganz bewusst einsetzen als gezielte Selbstunterstützung vor allem in festgefahrenen Kommunikationssituationen, in denen gar nichts mehr vorwärtsgehen will.

Die Situation neu betrachten

Stellen Sie sich eine zähe Verhandlung vor oder ein schwieriges Gespräch, mit dessen Verlauf Sie unzufrieden sind. Vielleicht, weil Sie Ihre Vorstellungen nicht an den Mann bringen können, weil Sie mit dem Verhalten Ihrer Kollegen nicht klarkommen, weil die Diskussion inhaltlich an einem toten Punkt angelangt ist und sich alles nur noch im Kreis dreht. Es sind diese Situationen, in denen alle Beteiligten wahrscheinlich sehr kopflastig auf der inhaltlichen Ebene feststecken.

Gegenwartszentrierung heißt: Lassen Sie Ihre Gedanken, Vorstellungen und Erwartungen mitsamt dem bisherigen Gesprächsverlauf einmal beiseite und wechseln Sie bewusst auf die Wahrnehmens- und Erlebensebene. Gehen Sie raus aus dem Kopf und schauen Sie neu hin: auf sich selbst und die anderen Menschen, die mit Ihnen im Raum sind. Kann sein, dass Sie dann ein wenig lockerer werden, vielleicht sogar lachen müssen, wenn Sie sich selbst und die anderen sehen, wie sie so verbiestert da sitzen.

Bewusst auf die Erlebensebene gehen

Auf jeden Fall wird in Ihnen innerlich eine Veränderung vorgehen, wenn Sie sich nicht mehr an Ihren Vorstellungen und Erwartungen festbeißen: Sie werden wieder offener für andere Aspekte der Situation, die Sie vielleicht vorher nicht wahrnehmen konnten, weil Sie zu sehr mit den Inhalten befasst waren.

Eigendynamik durchbrechen

Die Gegenwartszentrierung hilft Ihnen, die ungute Eigendynamik mancher Situationen zu durchbrechen. Angenommen, einer Ihrer Kollegen oder Mitarbeiter rückt mit seiner Meinung zu einem bestimmten Thema nicht so recht heraus. Sie provozieren ihn ein wenig, um ihn aus der Reserve zu locken. Das klappt nicht recht, und Sie provozieren noch ein bisschen mehr, der Mitarbeiter blockt noch mehr ab – und irgendwann geht gar nichts mehr. Je mehr Sie der Eigendynamik einer solchen Situation verfallen, desto weniger sind Sie in der Realität. Das Ganze kann destruktiv werden, im schlimmsten Fall eskaliert die Situation.

Wenn Sie in die Gegenwart zurückkehren, Ihre Erwartungen beiseite lassen und ganz neu hinschauen, dann eröffnen sich neue Möglichkeiten. Sie müssen ja nicht unbedingt provozieren, wenn Sie die Meinung Ihres Mitarbeiters haben wollen. Vielleicht amüsieren Sie sich jetzt sogar ein klein wenig über den verbissenen Eifer, mit dem Sie vorgegangen sind. Und dann könnten Sie dieses neue Gefühl zum Beispiel nutzen, um Ihr Gegenüber auf einer humorvollen Ebene anzusprechen. Lassen Sie sich überraschen, was dann passiert.

Gegenmittel gegen Blockaden

Die Gegenwartszentrierung ist nicht nur dann eine wirksame Hilfe, wenn Sie sich in Inhalten verlieren. Sie ist es auch, wenn Sie in negativen Gefühlen unterzugehen drohen oder sich selbst mit Ihren Erwartungen blockieren. Wenn Sie zum Beispiel denken »Es wird bestimmt wieder alles so grässlich wie bei den letzten Meetings« oder »Es hat mit diesen Leuten keinen Sinn, das weiß ich schon vorher«. Sie wissen es nicht vorher, Sie machen sich allenfalls Ihre Gedanken beziehungsweise Fantasien über Menschen und Situationen.

Jede Situation ist neu und anders als die vorangegangene – wenn Sie sich von der inhaltlichen Ebene lösen und auf der Wahrnehmens- und Erlebensebene genau hinschauen, werden Sie das schnell merken. Oder philosophisch und frei nach Heraklit: »Man kann nicht zweimal in denselben Fluss steigen.« Auf unser Thema bezogen heißt das: Kommunikation findet *jetzt* statt, in diesem Augenblick. Und wenn Sie von einem Hier-und-Jetzt-Moment zum nächsten gehen, dann haben Sie auch jederzeit die Chance, etwas zu verändern.

9. Flüchten oder standhalten?

Vom Umgang mit unangenehmen Gefühlen

Flüchten ist menschlich

Haben Sie gerne unangenehme Gefühle? Mögen Sie es, wenn Sie sich in einem Gespräch unsicher fühlen oder ängstlich oder aggressiv? Vermutlich nicht. Wir unterstellen jetzt einfach, dass Sie sich ganz menschlich verhalten und versuchen, diese eher unangenehmen Empfindungen möglichst schnell loszuwerden. Das ist durchaus verständlich. Die Frage ist nur: Wie tun Sie es? Schieben Sie die unangenehmen Gefühle einfach weg und versuchen Sie, sie zu ignorieren? Oder gehen Sie konstruktiv damit um, indem Sie Ihre Empfindungen genau anschauen und Handlungsstrategien daraus entwickeln? Dieser Weg ist Erfolg versprechender, wenn Sie effektiv kommunizieren wollen.

Gefühle sind die innere Quelle des äußeren Verhaltens. Und wenn Sie Ihr inneres Erleben in die Kommunikation mit einbeziehen, was wir für unverzichtbar halten, dann gilt das natürlich genauso für die weniger schönen Gefühle. Der Umgang damit ist so wichtig, dass wir diesem Thema ein eigenes Kapitel gewidmet haben. Es ist der entscheidende Punkt, an dem Menschen in der Entwicklung ihrer Kommunikationsfähigkeit häufig scheitern – weil sie vor den unangenehmen Empfindungen flüchten, statt ihnen standzuhalten.

Der Tarnmantel hat Löcher

Übrigens drücken sich nicht nur ganz »normale« Menschen um die unerfreulichen Gefühle herum, sondern auch Scharen von Kommunikationsprofis, Trainern und Theoretikern (die eben auch nur Menschen sind). Statt sich den unschönen Empfindungen zu stellen und einen fruchtbaren, konstruktiven Umgang damit zu lernen und zu lehren, werden Theoriegebäude errichtet und zahllose Praxisstrategien ausgetüftelt, die nur eins zum Ziel haben:

die unangenehmen Gefühle zu umgehen und trotzdem einigermaßen gut kommunizieren zu können.

Gefühle lassen sich nicht ignorieren

Das klappt in der Regel nicht gut, weil das innere Erleben sich nicht ohne weiteres wegdrücken lässt. Die Tarnmäntelchen haben allesamt große Löcher: Das innere Erleben kommt über die nonverbale Ebene (den Blickkontakt, die Stimme, die Mimik) doch wieder zum Vorschein, selbst wenn Sie sich noch so sehr um Haltung bemühen. Sie werden in vielen Kommunikationssituationen scheitern, obwohl Sie sich ein scheinbar »positives« äußeres Verhalten antrainiert haben.

Das bekannteste Beispiel für Anstrengungen in dieser Richtung ist die Verhaltenspsychologie. Früher wurden aus ihren Theoriegebäuden gleich alle Gefühle als subjektiv und damit unwissenschaftlich ausgeklammert – die angenehmen genauso wie die unangenehmen. Und auch heute noch tun sich Verhaltenspsychologen schwer mit den Emotionen. Entsprechend sieht meist die Praxis aus. Angst? Unsicherheit? Aggressionen? Weg damit. Wenn solche unangenehmen Empfindungen auftauchen, dann werden sie tunlichst beseitigt beziehungsweise »gelöscht«.

Zeigen Sie Mut

Unerfreuliches anschauen und respektieren

Diese Beseitigungsstrategien kommen den natürlichen Vermeidungsgewohnheiten der meisten Menschen sehr entgegen. Wer setzt sich schon freiwillig und ausgiebig mit solchen Emotionen auseinander?

Das Problem ist: Die Vermeidung dieser Auseinandersetzung, so verständlich und menschlich sie sein mag, ist der Todfeind jeder Entwicklung von Kommunikationsfähigkeit. Wenn Sie effektiv kommunizieren wollen, kommen Sie eben nicht darum herum, sich mit Ihren Gefühlen zu befassen – auch und gerade mit den unangenehmen.

Weglaufen ist einfacher, zugegeben. Zum Standhalten brauchen Sie Mut: den Mut, das Unerfreuliche in Ihrem Innenleben anzuschauen, zu respektieren und zumindest für einen Moment dabei zu bleiben. Und Sie werden auch Disziplin brauchen. Denn unangenehme Gefühle tauchen in vielen Kontakten auf; Sie werden sich ihnen jedes Mal aufs Neue stellen müssen. So lange, bis Sie diesen Empfindungen die gebührende Aufmerksamkeit geschenkt haben. Das ist die Voraussetzung dafür, dass sie letztendlich verschwinden – so paradox das auch klingen mag. *Wirkliche Veränderung geschieht, wenn jemand wird, was er ist. Aber niemals dann, wenn er versucht, etwas zu sein, was er nicht ist.*

Veränderung geschieht, wenn jemand wird, was er ist

9.1 Vorsicht: Katastrophenfantasien

Natürlich ist es individuell sehr unterschiedlich, welche Gefühle als problematisch empfunden werden. Das innere Erleben ist immer subjektiv. Unsicher oder ängstlich fühlt sich vermutlich niemand gerne. Auch Ohnmacht, Scham oder Verzweiflung werden von allen Menschen negativ erlebt. Ärger oder Aggressivität hingegen mag von manchen durchaus akzeptiert werden, während andere sich mit Wut im Bauch gar nicht mehr wohl fühlen.

Wie auch immer das im Einzelfall aussehen mag: Unangenehme Gefühle gehen oft einher mit Katastrophenfantasien. Solche Katastrophenfantasien entstehen in Ihrem Kopf, wenn Sie sich ausmalen, was alles an schlimmen Dingen passieren wird, wenn Sie Ihrem Gefühl nachgeben oder ihm Ausdruck verleihen. Je mehr Sie sich in dieser Gedankenwelt verstricken, desto größer wird die innere Fluchtgefahr: Sie werden weggehen wollen von Ihren Empfindungen aus lauter Angst vor den Konsequenzen, die in Ihrer Fantasie auftauchen.

Die inneren Monologe

Stellen Sie sich vor, Sie spüren deutlichen Ärger auf eine Person, der Sie nach allen gesellschaftlichen, hierarchischen oder sonstigen Gepflogenheiten möglichst höflich und freundlich begegnen sollten: einem wichtigen Kunden zum Beispiel oder auch »nur« Ihrem Vorgesetzten gegenüber. Wenn der Ärger Ihnen unangenehm ist, lässt die Katastrophenfantasie vermutlich nicht lange auf sich warten, und im Kopf beginnen die Selbstgespräche: »Wenn ich das zulasse, dass ich so sauer bin, wird das schlimm enden für mich. Vielleicht vergreife ich mich dann im Ton, und das darf ich doch nicht. Ich muss sachlich und höflich bleiben! Außerdem sitzt mein Chef sowieso am längeren Hebel. Er wird mich womöglich im Team bloßstellen, mir nur noch die lästigen Aufgaben geben. Und wenn's mal wieder um eine Beförderung geht, habe ich keine Chance mehr.«

Oder das Thema Unsicherheit: die Gehaltsverhandlung, der erste Auftritt vor den neuen Kollegen, die Vorstellung eines Projekts in einer größeren Runde. Auch eine sehr gute Gelegenheit, um Katastrophenfantasien zu entwickeln: »Um Himmels willen, so unsicher wie ich bin, kriege ich bestimmt kein Wort heraus. Wenn das passiert, lachen alle über mich. Die anderen werden mich für inkompetent halten, und ich bin blamiert.«

Der Preis für unterdrückte Gefühle

Natürlich können Sie versuchen, solche unerfreulichen Empfindungen zu unterdrücken. Kann sein, dass Ihnen das sogar gelingt. Aber dafür zahlen Sie einen hohen Preis. Erstens kommen unterdrückte Gefühle ja über die nonverbale Kommunikation postwendend wieder zum Vorschein. Und zweitens sind Sie selbst kommunikativ nicht mehr ganz auf der Höhe, denn Sie sind im Stress: Wenn Sie Gefühle unterdrücken wollen, müssen Sie die Luft anhalten. Sie werden sich »zusammenreißen«, das heißt, es ist vorbei mit den fließenden Bewegungen, Ihre Körperhaltung wird eher starr und kontrahiert sein.

Kurzum: Ihre Ausdrucksfähigkeit lässt auf allen Ebenen nach, ebenso wie die Wahrnehmungsfähigkeit. Wenn Sie andere Menschen nicht mehr anschauen können, weil Sie damit Unsicherheit vermeiden wollen, dann werden Ihre Augen starr.

Ganz schön lästig, diese inneren Selbstgespräche. Und außerdem äußerst hinderlich, wenn Sie effektiv kommunizieren wollen. Denn solange Sie sich Ihren Katastrophenfantasien hingeben, sind Sie im Kopf, auf der Ebene des Denkens und Fantasierens. Das heißt, Sie sind weggegangen von der Realität der ganz konkreten Situation, in der Sie sich gerade jetzt befinden.

Wirksame Hilfe: Gegenwartszentrierung

Die Alternative zur Katastrophenfantasie wäre, sich eben diese Realität anzusehen: Gegenwartszentrierung haben wir diese wichtige Möglichkeit der Selbstunterstützung im vorangegangenen Kapitel genannt. Wer sagt denn, dass tatsächlich das eintreten wird, was Sie sich im Kopf ausmalen? Wenn Sie sich konsequent die Realität anschauen und auf der Grundlage Ihrer Wahrnehmungen in der Gegenwart handeln statt auf der Grundlage Ihrer Fantasien, werden manche der unangenehmen Gefühle von selbst verschwinden.

Wenn Sie hingegen lange genug in der Fantasiewelt bleiben und Ihre Handlungen danach ausrichten, bestehen gute Chancen, dass Ihre schlimmen Befürchtungen auch wirklich wahr werden. »Self fulfilling prophecy« nennt man das in der Psychologie: eine Prophezeiung, die sich selbst erfüllt – und nur deshalb, weil sie jemand in seinem Kopf für wahr hält und sich in seinen Handlungen danach richtet.

Jede Katastrophenfantasie ist eine Angstfantasie. Angst wiederum ist Erregung, Aufregung ist Antriebskraft. Wenn Sie mit Ihrer Erregung im Hier und Jetzt bleiben, dann geht die Erregung in spontane Aktivität über – und die Angst ist weg. Gut erklären lässt sich dieser Prozess am Beispiel des Lampenfiebers. Viele Künstler und Schauspieler erzählen, wie sehr sie kurz vor dem Auftritt leiden: aus lauter Angst, zu versagen, den Text zu vergessen, auf der Bühne zu stolpern, die Stimme zu verlieren und und und ... In dem Moment, in dem der Auftritt beginnt, ist das Lampenfieber weg: Es wird in Handlung umgesetzt.

Das ist das positive Modell im Umgang mit negativen Gefühlen: Die Energie und Spannung, die sich dadurch im Inneren aufbaut, zu nutzen und in Handlung umzusetzen. Dazu muss man aber das unangenehme Erleben zumindest kurz aushalten – auch wenn es frustrierend ist, solche Gefühle zu haben. In der psychologischen Fachsprache heißt das, Sie brauchen ein wenig Frustrationstoleranz.

9.2 Das Positive an negativen Gefühlen

Kann sein, Sie haben sich erfolgreich von Ihren Katastrophenfantasien verabschiedet und sind in die Realität zurückgekehrt – aber das unerfreuliche Gefühl ist immer noch da. Das macht nichts, im Gegenteil. Jetzt kommt es nur darauf an, dass Sie es nicht wegschieben, sondern konstruktiv nutzen.

Die Kraft zur Veränderung

Wenn Sie sich mit Ihren weniger schönen Emotionen auseinandersetzen, wenn Sie nicht sofort davor weglaufen, dann werden Sie spüren, welche Kraft und Energie darin steckt: Unangenehme Gefühle bringen Spannung und damit die Kraft zur Handlung, zur Veränderung. Von dieser Kraft schneiden Sie sich ab, wenn Sie das Unerfreuliche nicht zulassen.

Und Sie schlucken ganz unbemerkt (vermutlich auch ungewollt) eine andere bittere Pille mit: Wenn Sie sich anstrengen, die Intensität Ihrer unangenehmen Empfindungen zu reduzieren, dann werden Sie auch die angenehmen, die schönen Gefühle nicht mehr in ihrer ganzen Tiefe spüren. Schade, nicht wahr? Aber in diesem Punkt funktioniert die menschliche Psyche leider nach dem Prinzip »Alles oder nichts«.

Dämpfen Sie nicht Ihr gesamtes Gefühlsleben aus Angst vor den problematischen Empfindungen. Es lohnt sich, diese Angst zu überwinden, wenn Sie sich weiterentwickeln wollen in Ihrer Persönlichkeit und auch in Ihrer Kommunikationsfähigkeit. Die unerfreulichen Emotionen sind genauso wertvoll wie die schönen.

Das Plus an Spannung und Energie, das ein unangenehmes Gefühl mit sich bringt, führt zusätzlich zu einer größeren Klarheit der Bedürfnisse beziehungsweise der

Interessen in der konkreten Kommunikationssituation. Was wollen Sie, jetzt und hier? Und diese Klarheit mobilisiert schließlich Fähigkeiten und Ressourcen, dieses Bedürfnis auch zu erfüllen.

Wie so etwas aussehen kann, sollen die zwei folgenden Beispiele zeigen.

Beispiel 1: Ärger. Vertriebschef Meier macht einem wichtigen Kunden Vorschläge zur Realisierung eines Projekts. Das Gespräch verläuft zäh und unbefriedigend, der Kunde ist mit Meiers Vorschlägen nicht so recht einverstanden. Auch seine Alternativangebote stoßen nicht auf Gegenliebe. In Meier wachsen die Frustration und der Ärger auf den Kunden.

Prompt stellen sich Katastrophenfantasien ein: »Wenn ich jetzt richtig sauer werde und das zeige, ist der Kunde beleidigt. Der Auftrag ist dann verloren. Ich darf nicht ärgerlich werden, ich muss versuchen, ihn trotzdem noch irgendwie zu überzeugen.« Die Chance, dass das Gespräch auch weiterhin fruchtlos bleiben wird, ist dann ziemlich groß. Meier wird vermutlich innerlich erstarren, seine Atmung wird flacher werden und seine Körperhaltung verkrampfter. Und so wird ihn sein Gegenüber auch wahrnehmen.

Die Alternative: Wenn Maier sich seinen Ärger und die Frustration »erlaubt« und kurz bei diesen Gefühlen bleibt, dann wird er nicht nur die Verpflichtung sehen, dem Kunden entgegenzukommen, sondern über den Ärger und die Frustration auch das Bedürfnis wahrnehmen, das Gespräch in andere Bahnen zu lenken. Das wiederum wird die Fähigkeit mobilisieren, dieses Bedürfnis angemessen zum Ausdruck zu bringen. Vielleicht, indem Meier den Ablauf des Gesprächs zusammenfasst und darauf hinweist, dass er jetzt ein wenig ratlos ist und nicht weiß, was der Kunde eigentlich möchte. Und dass und in welcher Form er auf seine Mithilfe angewiesen ist, wenn das gemeinsame Projekt gelingen soll.

Dadurch, dass Maier seinen Ärger nicht unterdrückt, wird seine Stimme fester werden und sein Auftreten bestimmter. Er kann sich darüber hinaus über die Atmung und Körperspannung selbst unterstützen. Er kann auch ein wenig auf räumliche Distanz zu seinem Gesprächspartner gehen: seinen Stuhl zurückschieben oder sich vielleicht auch im Raum bewegen – im vorigen Kapitel haben wir geschildert, wie auf diese Weise wieder Dynamik in festgefahrene Beziehungssituationen kommen kann.

Es geht bei effektiver Kommunikation nicht in jedem Fall darum, sofort und spontan den jeweiligen Gefühlszustand vollständig zum Ausdruck zu bringen (»Ich bin total frustriert und ärgere mich gerade gewaltig«). Es geht vor allem darum, über das Wahrnehmen der Gefühle die eigenen Bedürfnisse in der konkreten Situation zu erkennen – und dafür entsprechende situationsangemessene Handlungsstrategien zu entwickeln.

Beispiel 2: Unsicherheit. Abteilungsleiterin Schulze ist eine von mehreren Referenten bei einer Veranstaltung. Die Redner vor ihr haben ihren Vortrag schon gehalten – und ach, das Publikum mit den allermodernsten technischen Kommunikationsmitteln unterhalten. Frau Schulze kann keine Multimedia-Show bieten, sie hat außer ihrem Wissen nur ein paar Folien für den Overhead-Projektor dabei. Besonders wohl fühlt sie sich nicht mehr, ihr Selbstbewusstsein schwindet von Minute zu Minute. Die Katastrophenfantasie: »Das ist ja furchtbar peinlich. Die lachen mich doch alle aus, wenn ich jetzt mit meinen Folien komme. Warum habe ich nicht wenigstens noch schnell eine Powerpoint-Präsentation vorbereitet? Die glauben ja, ich bin von vorgestern.« Frau Schulze würde lieber im nächsten Mauseloch verschwinden als jetzt ihren Vortrag halten.

Der Versuch, die Unsicherheit zu ignorieren, ist ebenso anstrengend wie fruchtlos. Zitternde Hände lassen sich nicht verbergen. Frau Schulze könnte aber die Spannung, die sich aus ihrem unangenehmen Gefühl ergibt, in Handlungen umsetzen, die sie der Erfüllung ihres eigentlichen Bedürfnisses näher bringen: Sie möchte sich wieder sicher und selbstbewusst fühlen.

Persönliche Ressourcen nutzen

Die Selbstunterstützung über die Atmung und Körperspannung ist natürlich auch in diesem Fall wertvoll. Frau Schulze weiß überdies, dass sie es versteht, humorvoll zu formulieren. Diese ganz persönliche Ressource nutzt sie jetzt. Zu Beginn ihres Vortrags spricht sie in ein paar witzigen Worten offen an, dass sie sehr beeindruckt ist von der Präsentation ihrer Vorredner, Ähnliches jedoch leider nicht zu bieten hat. Dass sie das ein wenig unsicher macht, sie sich aber gleichwohl darauf freut, jetzt ihren Vortrag auf ihre Weise halten zu können. Wenn Frau Schulze dann in die Runde schaut und Kontakt zu den Zuhörern aufnimmt, wird sie vermutlich feststellen, dass keiner sie auslacht. Die Reaktion ihres Publikums wird eher wohlwollende, freundliche Aufmerksamkeit sein.

Die Energie richtig einsetzen

Mit dem Gefühl in Kontakt bleiben

Fassen wir zusammen: Unangenehme Empfindungen zu unterdrücken, kostet eine Menge Energie. Und diese Energie ist verschwendet: Gefühle gehen nicht weg, nur weil sie ignoriert werden. Die Emotionen tauchen über die nonverbale Ebene wieder auf. Ihre Energie können Sie sinnvoller darauf verwenden, einen konstruktiven Umgang mit negativen Gefühlen zu finden.

Konstruktiv damit umgehen heißt erstens, das Gefühl wahrzunehmen und zu respektieren. Es heißt zweitens, mit dem Gefühl in Kontakt zu bleiben und so die Realität der ganz konkreten Situation zu betrachten, statt sich aus dieser Realität zu verabschieden und sich in Katastrophenfantasien zu verlieren. Und es heißt drittens, die Spannung und Kraft zu nutzen, die unangenehme

Gefühle mit sich bringen, um Handlungsstrategien für die Erfüllung Ihrer Bedürfnisse und Interessen zu entwickeln.

10. Kommunikation und Persönlichkeitsentwicklung

Die Grenzen der Selbstunterstützung.
Training und Coaching

Erinnern Sie sich noch einmal an den Anfang dieses Buches. Wir haben da behauptet, dass Sie Ihre ganze Persönlichkeit ins Spiel bringen müssen, wenn Sie effektiv kommunizieren wollen. Wir haben Ihnen nichts erzählt von Methoden und Techniken, mit denen Sie andere manipulieren können. Es ging uns vielmehr um die Entwicklung grundlegender Fähigkeiten zur Kommunikation, die nicht nur Ihr äußeres Verhalten, sondern den Kern Ihrer Persönlichkeit betreffen. Und deswegen ist ein Kommunikationstraining in unserem Sinne immer Persönlichkeitsentwicklung.

Mit neuen Fähigkeiten auf andere zugehen

Wenn Sie Fähigkeiten wie Selbst- und Fremdwahrnehmung, persönliche Präsenz und wirkliche Dialogfähigkeit gelernt und trainiert haben, werden Sie am Ende nicht einen Werkzeugkasten an neuen Techniken mit sich herumtragen – Sie werden eher als ein anderer Mensch auf Ihre Gesprächspartner zugehen. Sie haben nicht an isolierten Fertigkeiten gefeilt, die Ihnen vielleicht hier und da einen kleinen Punktsieg bringen, sondern an Ihrer Persönlichkeit gearbeitet, dem wichtigsten Faktor für effektive Kommunikation.

Was diesen Lernprozess ausmacht, wollen wir in diesem Kapitel noch einmal anhand eines Modells zusammenfassen: »Von der Stagnation zur Persönlichkeitsentwicklung« nennen wir es. Dieses Modell beschreibt den ganzheitlichen persönlichen Lern- und Entwicklungsprozess, den Sie durchlaufen bei der Ausbildung der Kommunikationsfähigkeiten. Es macht auch noch einmal deutlich, warum effektive Kommunikation ohne die Entwicklung dieser Fähigkeiten nicht möglich ist.

Die ersten Schritte auf diesem Entwicklungsweg sind Sie mit der Lektüre dieses Buches bereits gegangen. Hier zeigen wir Ihnen darüber hinaus, welche zusätzlichen

Hilfen auf dem Weg der Persönlichkeitsentwicklung ein Training in einer Gruppe oder die Arbeit mit einem persönlichen Coach bringen kann.

10.1 Von der Stagnation zur Persönlichkeitsentwicklung: ein Modell

Im Tal der Tränen: Die Stagnation

Das Gegenteil von (Persönlichkeits-)Entwicklung ist die Stagnation. Bezogen auf unser Thema Kommunikation heißt Stagnation: Die notwendigen Grundfähigkeiten sind (noch) nicht entwickelt und stehen für eine fruchtbare Beziehungsgestaltung nicht zur Verfügung. In diesem Zustand der Stagnation ist keine effektive Kommunikation möglich.

Ohne Gespür für das eigene Ich

Warum ist das so? Weil ein Mensch, der sich in der Stagnationsphase befindet, kein Gespür hat für sein eigenes Ich, für sein inneres Erleben und seine Bedürfnisse in der konkreten Kommunikationssituation. Er agiert nicht auf der Grundlage von Selbstbewusstheit, sondern er funktioniert eher – automatisch, unbewusst, gewohnheitsmäßig. *Ich-Entfremdung* nennen das die Psychologen.

Die *Außenorientiertheit überwiegt:* Die Aufmerksamkeit ist auf den Gesprächspartner gerichtet, auf die Möglichkeit, ihn zu manipulieren. Der Blick nach innen fehlt. Die Konsequenz: Der Zugang zu den eigenen inneren Ressourcen und Potenzialen bleibt verschlossen. Ein Kommunikationstraining, das Verhalten nur im Hinblick auf die äußere Wirkung betrachtet, verstärkt damit die Stagnation.

Die hat noch ein weiteres Kennzeichen: *Kopflastigkeit.* Die Kommunikation spielt sich hauptsächlich auf der Ebene des Denkens und Fantasierens ab und wenig auf der Ebene des Wahrnehmens und Erlebens. Damit fehlt der Bezug zur realen, konkreten Situation, zum Hier und Jetzt. Das Kommunikationsverhalten ist dann eher ein starres Rollenverhalten. Auf dieser Basis werden *rigide*

Verhaltensmuster und Gewohnheiten aufgebaut und zementiert, die Handlungsflexibilität fehlt.

Menschen, die sich in der Stagnation befinden, sind also nicht wirklich *da*, sie glänzen sozusagen durch *emotionale Abwesenheit*. In diesem Zustand ist kein echter Kontakt zu einem Gegenüber möglich, und folglich auch keine oder nur eine unklare Beziehungsgestaltung.

Kein echter Kontakt

Zu neuen Ufern: Der Weg nach vorn

Die Stagnation ist natürlich kein erstrebenswerter Zustand und erst recht keine Basis für effektive Kommunikation. Die wichtigsten Fähigkeiten für eine erfolgreiche Beziehungsgestaltung fehlen. Wer Probleme mit der Kommunikation hat, wird im Alltag ständig frustriert. Das macht unzufrieden.

Und genau über diese unangenehmen Erlebensqualitäten führt der Weg heraus aus der Stagnation. Sagten wir unangenehm? *Eigentlich können Sie sich freuen, wenn Sie Unzufriedenheit spüren: Sie ist der Motor jeglicher Veränderung.* Ohne Unzufriedenheit mit Ihrer Situation werden Sie keinen Finger krumm machen, egal auf welchem Gebiet. Das scheinbar negative Gefühl ist also bei Licht betrachtet ein positives: Es bahnt Veränderungen an, es bringt die Motivation, notwendige Kräfte zu sammeln und einzusetzen. Das Gleiche gilt übrigens für andere (auf den ersten Blick) unangenehme Gefühle wie Ärger oder Wut. Auch die können Prozesse positiv beeinflussen, wenn man produktiv mit ihnen umgeht, wie wir im vorangegangenen Kapitel gezeigt haben.

Unzufriedenheit ist der Motor der Veränderung

In Kapitel 8 haben Sie gelernt, wie Sie sich in konkreten Situationen unterstützen können auf dem Weg heraus aus der Stagnation: mit guter Grundspannung und Beweglichkeit, einer vollständigen Atmung und der Gegenwartszentrierung.

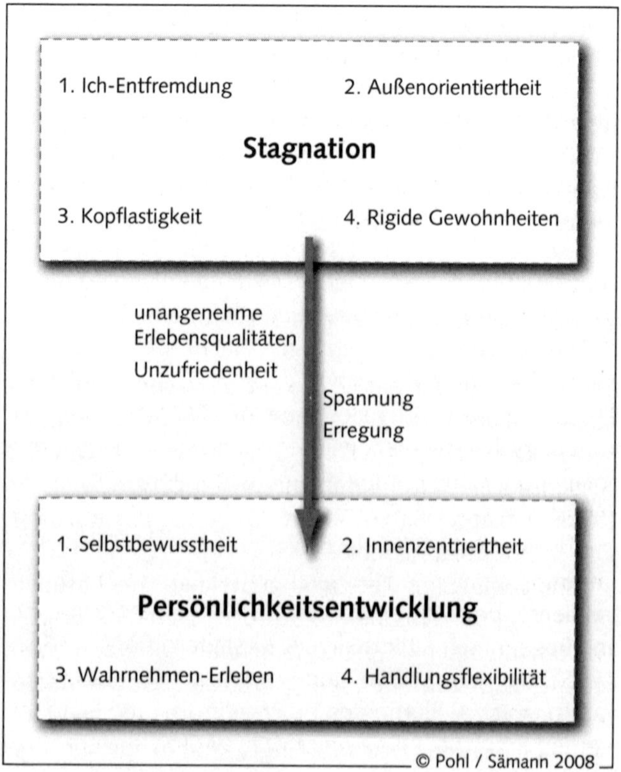

Abb. 6: Stagnation und Persönlichkeitsentwicklung

Das Ziel: Persönlichkeitsentwicklung

Kommunikation wird zum Persönlichkeitsausdruck

Über den Auf- und Ausbau der kommunikativen Fähigkeiten geht es also in Richtung Persönlichkeitsentwicklung. Das Ergebnis wäre im Idealzustand natürlich das genaue Gegenteil der Stagnation und gekennzeichnet durch folgende Merkmale: durch ein umfassendes Gefühl für sich selbst und das eigene Verhalten (Selbstbewusstheit und Innenzentrierung), durch den Zugang zu den inneren Ressourcen und Potenzialen, durch Präsenz auf der Wahrnehmens- und Erlebensebene und nicht nur auf der Inhaltsebene, durch flexibles Agieren im Hier und Jetzt statt zwanghaften Fahrens auf vorgedachten

Gleisen. Das alles zusammen bedeutet persönliche Präsenz, Kontakt- und Dialogfähigkeit.

Wenn Sie sich auf diesen Ebenen weiterentwickeln, können Sie schließlich gar nicht anders, als effektiv zu kommunizieren. Ihre Kommunikation ist dann Persönlichkeitsausdruck und somit direkt und authentisch weit jenseits von angelernten Techniken oder Verhaltensmaßregeln.

Messen Sie sich nicht sofort und immer an diesem modellhaften Idealbild. Der Weg zur effektiven Kommunikation besteht aus vielen kleinen Schritten. Die Grundfähigkeiten lernt man nicht über Nacht – eben weil sie Teil der Persönlichkeitsentwicklung sind. Auch wenn Sie dieses Buch gründlich gelesen und die Trainingseinheiten tapfer absolviert haben, werden Sie nicht ab morgen nur noch erfolgreiche Kommunikationssituationen haben, in denen alles wie am Schnürchen läuft.

Aber je schneller Sie Ihr neu erworbenes Wissen in die Tat umsetzen und je intensiver Sie die Grundfähigkeiten trainieren, desto öfter werden Sie Kontakte, Gespräche und Begegnungen befriedigend gestalten können. Allein das Schulen der Selbst- und Fremdwahrnehmung und der Zugang zur Ebene des Wahrnehmens und Erlebens werden Ihnen im Alltag neue Welten eröffnen.

10.2 Training und Coaching

Wegbegleiter: Training in der Gruppe

Zusätzliche Motivation durch Trainer und Gruppe

Bei der Entwicklung der Grundfähigkeiten der Kommunikation begleitet Sie dieses Buch mit den angebotenen Übungen. Sie können das Ganze aber auch in (meist mehrtägigen) Seminaren in einer Gruppe trainieren. Ein solches Training hat manche Vorteile gegenüber der reinen Buchlektüre, die viel Selbstdisziplin verlangt, weil Sie sich den Stoff allein aneignen müssen und bei den ersten Schritten mit Hilfe dieser neuen »Landkarte der Kommunikation« kein professionelles Feedback erhalten.

Im Seminar ist das ein wenig einfacher: Sie haben die lebendige, motivierende Beziehung zu einem Trainer oder einer Trainerin, der/die Sie ermutigt, wenn es mal schwierig wird, und Sie auch durch weniger angenehme Gefühlsprozesse führen kann. Und die anderen Gruppenmitglieder sind ja auch noch da: Das bedeutet in der Regel wertvolle Inspiration und ehrliches Feedback von mehreren Personen.

Die Intensivbetreuung: Coaching

Vermutlich werden Sie sich irgendwann recht wohl fühlen mit Ihren neuen Erkenntnissen zum Thema Kommunikation und auch die Erfolge im Alltag sehen. Möglich, dass Sie trotzdem das Gefühl haben, in speziellen Situationen nicht weiterzukommen. Nämlich dann, wenn Sie auf ein ganz persönliches Hindernis, eine ganz individuelle Blockade stoßen. Das ist nichts Ungewöhnliches: Jeder Mensch hat seine Knackpunkte, seine individuellen Kommunikationsfallen, in die er immer wieder tappt und die ihn im Alltag behindern. Für den einen kann das der Umgang mit Aggressionen sein, für den anderen vielleicht eine tief sitzende Redeangst.

Gezielte Unterstützung an speziellen Punkten

»Ich will, aber ich schaffe es einfach nicht«, werden Sie vermutlich seufzen, wenn Sie an einen solchen Punkt kommen. Sie schaffen es nicht trotz des Hintergrundwissens, trotz ausgiebigen Trainings der kommunikativen Grundfähigkeiten. Grämen Sie sich nicht – es geht selbst gestandenen Kommunikationstrainern so, dass sie mitunter ein wenig Hilfe von außen brauchen. Bei solch individuellen Blockaden reichen die Möglichkeiten der *Selbstunterstützung* oft nicht aus. In diesem Fall kommen Sie am schnellsten weiter mit *gezielter Fremdunterstützung* durch einen Coach, der sich ausschließlich auf Sie und Ihre individuelle Thematik in diesem ganz speziellen Punkt konzentriert.

Wie behindern Sie sich selbst?

Mit dem Coach zusammen können Sie herausarbeiten, wo und wie Sie sich selbst im Weg stehen, mit welchem

Ihrer Erlebens- und Verhaltensmuster Sie sich selbst immer wieder behindern. Das herauszufinden ist mitunter eine diffizile und komplexe Angelegenheit, die sehr in die Tiefen der Persönlichkeit gehen kann, und der man allein in der Regel nicht gewachsen ist. Ein gut ausgebildeter Coach kann Sie in diesem komplexen, oft sehr emotionalen Prozess begleiten und führen, auch und gerade durch unangenehme Situationen.

Das Bedürfnis hinter den Blockaden

Der Coach wird mit Ihnen nicht nur die Hindernisse und Blockaden aufspüren, von denen Sie sich auf dem Weg zur effektiven Kommunikation bremsen lassen. Er wird Ihnen auch helfen, das ganz spezifische Bedürfnis herauszufinden, das hinter jeder dieser Blockaden steckt. Und solch ein Bedürfnis hat ja immer zwei Komponenten: Zum einen ist es das Erleben eines Mangels (»Mir fehlt ...«), zum anderen birgt es auch die Antriebskraft (»Ich will...«), die diesen Mangel beseitigen will. Beide Anteile müssen Sie spüren, wenn Sie in Ihrem Thema weiterkommen wollen.

Oft ist es so, dass zwar der Mangel bewusst ist, aber der Zugang zum vorwärts führenden Kraftpotenzial nicht spürbar. Der Coach wird Sie dabei unterstützen, den Zugang freizulegen, die notwendigen Kräfte zur Veränderung verfügbar zu machen und Ihnen helfen, aktiv zu werden im Sinne der Erfüllung Ihres Bedürfnisses.

11. Fallbeispiele

Kommunikation und Persönlichkeitsentwicklung in der Coachingpraxis

In diesem Kapitel schildern wir zum Abschluss drei ausführliche Fallbeispiele aus der Coachingpraxis. Sie zeigen anhand von Kommunikationsproblemen im Alltag, wie der Weg zur Lösung über die Persönlichkeitsentwicklung führt und in welcher Weise damit eine nachhaltige Veränderung angestoßen und erarbeitet werden kann.

Als Beispiele haben wir die Themen Unsicherheit und Umgang mit Aggressionen herausgegriffen, weil sich beide im Laufe der Coachingarbeit gerade im Managementbereich als häufige (wenn auch oft uneingestandene) Hindernisse auf dem Weg zur effektiven Kommunikation herausgestellt haben.

Gleiches Problem, verschiedene Ursachen

Das Thema Unsicherheit beschreiben wir anhand zweier unterschiedlicher Fälle. Aus folgendem Grund: Hinter dem auf den ersten Blick scheinbar gleichen Problem stecken jeweils unterschiedliche Gefühlsqualitäten, die in beiden Fällen zu unterschiedlichen Coachingstrategien und Lösungswegen führen. Wir wollen damit zeigen, dass es keine kommunikativen Standardprobleme samt den zugehörigen Standardlösungen gibt.

Bei den folgenden Fallbeispielen sind Namen und berufliche Situation der Betreffenden geändert.

11.1 Unsicherheit I: Das Beispiel Andreas B.

Umgang mit aggressiver Kritik

Andreas B. ist Mitte Dreißig: ein freundlicher, offen dreinblickender Mensch und Projektleiter in einem Unternehmen der Logistik-Branche. Regelmäßig berichtet er in Meetings mit Kollegen aus anderen Abteilungen und mit der Geschäftsleitung über den Stand seiner Projekte, teilweise sind die Arbeitsergebnisse seines Teams auch Arbeitsgrundlage für andere.

Das Problem von Andreas B.: Ein Mitglied der Geschäftsleitung kritisiert ihn mitunter in einer sehr aggressiven Weise, mit lauter Stimme und heftigen Worten. Damit kann B. nicht umgehen. Er wird schnell sehr unsicher und kann sich kaum wehren – selbst dann nicht, wenn er genau weiß, dass die Kritik sachlich nicht gerechtfertigt ist. Sein Gesprächspartner spürt diese Unsicherheit und lässt weitere Attacken folgen, was die Unsicherheit von Andreas B. weiter verstärkt.

Das regelmäßige Ende vom Lied: B. kann seine fachliche Kompetenz nicht mehr einsetzen, Fakten und Argumente nicht mehr anbringen.

Die persönliche Präsenz geht verloren

Der Coachingprozess findet im Rahmen einer Seminargruppe statt, in der die kritische Situation zunächst in einem diagnostischen Rollenspiel nachgestellt wird. Ein Teilnehmer spielt den Vorgesetzten von Andreas B.

Der sinkt schnell in sich zusammen unter den ärgerlichen Sätzen seines »Chefs«. Er atmet nur noch sehr flach, senkt den Kopf, schaut auf den Tisch und meidet den Blickkontakt zu seinem Gesprächspartner. Nach anfänglichen Versuchen der Verteidigung, die auch noch ein wenig Gestik beinhalten, sagt er bald gar nichts mehr und duckt sich nur noch regungslos unter dem verbalen Gewitter. Kurzum: Andreas B. ist nicht mehr persönlich präsent, er ist Opfer der Situation – aktive Kommunikation ist für ihn nicht mehr möglich.

In der zweiten Phase des Coachings geht es nun zunächst darum, dass Andreas B. den Rückzug in die Unterwürfigkeit stoppt und aus der Defensive herauskommt. Wie kann er auch in dieser für ihn schwierigen Situation in der Beziehung, im Kontakt zu seinem Gesprächspartner, bleiben? Wichtig: An dieser Stelle des Coachingprozesses geht es (noch) nicht darum, tatsächlich realisierbare Verhaltensweisen für die konkrete Situation im Berufsalltag zu trainieren. Der Weg beginnt damit, die Gefühls- und Bedürfnisprozesse, die hinter dem Verhalten stecken, deutlich zu machen und zu bearbeiten.

Der Coach nimmt die Körpersprache von Andreas B. auf. Denn der richtet seine Handflächen immer wieder auf den eigenen Bauch, wenn er beschreibt, wie die Angriffe seines Gesprächspartners »in ihn hineingehen«. Der Vorschlag: Andreas B. soll die Handflächen nach außen drehen in Richtung seines Gegenübers, dessen Blicke und Worte damit quasi von sich fernhalten, ein deutliches »Stopp« sagen – und seine Gefühle dabei wahrnehmen.

Die Körpersprache gibt wichtige Hinweise

Das klappt anfangs nur halbherzig: B. traut sich nicht recht. Er hebt die Arme nur wenig, er atmet flach, seine Stimme ist leise. Nach der Aufforderung, das Ganze noch einmal stehend zu probieren und sich viel Luft dabei zu nehmen, zeigt sich ein deutlicher Effekt: Die aufrechte Haltung gibt Andreas B. mehr Körperspannung, durch die vertiefte Atmung wird seine Stimme lauter, er fühlt sich mutiger – und sein »Chef« im mittlerweile lösungsorientierten Rollenspiel gibt Andreas B. die Rückmeldung, dass dessen Auftreten jetzt durchaus Wirkung auf ihn hat.

Aber Andreas B. verliert den Mut und die Körperspannung schnell wieder, auch sein Blick geht bald wieder weg vom Gesprächspartner in Richtung Boden. Der nächste Versuch: mehr Abstand zum Gesprächspartner wahren und den Blickkontakt halten. Das verändert die Situation noch einmal stark und verschafft B. die Erkenntnis, dass er mehr räumliche Distanz zu diesem Vorgesetzten braucht und sich künftig in den Meetings weiter von ihm wegsetzen wird.

In der nächsten Phase des Coachings geht es für Andreas B. nun darum, die persönliche Präsenz in dieser Situation des »Angriffs« länger zu halten und mehr Festigkeit in sich selbst zu bekommen.

Die zentrale Frage im Coaching ist immer die nach dem konkreten Bedürfnis in der jeweiligen Situation. Andreas B. »verschwindet« als Person, wenn er aggressiv angegangen wird. Das Gegenteil davon spiegelt sich für B. in dem Satz wider: »Ich habe auch ein Recht, da zu sein.«

Die Coachingarbeit zielt jetzt darauf, dass Andreas B. einen emotionalen Zugang zu diesem zweifellos vorhandenen Recht bekommt: Wenn er es spüren und für sich innerlich bejahen kann, dann wird sich das in einer höheren Festigkeit und Sicherheit in seinem Auftreten und seiner Körpersprache niederschlagen.

Der Coach nutzt die Gruppensituation und macht Andreas B. den Vorschlag, seinen Satz »Ich habe auch ein Recht, da zu sein« zu den anderen Gruppenmitgliedern zu sagen. B. tut es – und ist am Anfang dabei sehr aufgewühlt, erregt und flattrig. Mit der Zeit wird er ruhiger; je öfter er den Satz sagt, desto mehr Sicherheit spürt er.

Das Neue im Kontakt ausprobieren

Der Coach hat den Eindruck, dass Andreas B. noch nicht ganz in Kontakt mit seinem jeweiligen Gegenüber ist. Der nächste Schritt: B. sagt seinen Satz, nachdem er sein Gegenüber mit Namen angesprochen hat, und hält Blickkontakt dabei. Außerdem achtet er darauf, wie viel räumliche Distanz (und damit Raum für sich selbst) er jeweils zu seinem Gesprächspartner braucht. »Ich habe auch ein Recht, da zu sein«: Andreas B. sagt es nun mit aufrechter Haltung, fester Stimme und mit Blickkontakt zu verschiedenen Übungspartnern. Das unsichere, zittrige Gefühl vom Anfang des Coachingprozesses ist jetzt verschwunden.

Um den Transfer in den Alltag zu erleichtern, bittet der Coach Andreas B., noch einmal in die nachgestellte Situation vom Anfang des Coachings zu gehen. Noch einmal spielt ein Gruppenteilnehmer den aggressiven Chef – und diesmal »verschwindet« Andreas B. nicht, sondern kann sich gegen die Kritik angemessen wehren.

Soweit die »Laborsituation« im Coaching. Für Andreas B. kommt es nun darauf an, nicht mehr in die unterwürfige Opferhaltung zu gehen, wenn er im beruflichen Alltag aggressiv angegangen oder kritisiert wird. Er will sich und seine Argumente nicht mehr vom Tisch fegen lassen.

Damit das klappt, braucht er den Zugang zu dem Gefühl »Ich habe auch ein Recht, da zu sein«, den er sich im Coaching erarbeitet hat. Der Zugang zu dieser emotionalen Ressource wird ihm helfen, in unangenehmen Situationen ruhiger, sicherer seinen Standpunkt klarmachen zu können – nicht von heute auf morgen (und auch nicht ohne Rückfälle), aber jedes Mal ein bisschen mehr.

Wenn Andreas B. die Festigkeit innerlich spürt, wird sie sich zunehmend ganz von selbst in seiner Körpersprache ausdrücken, wie sich das auch bereits im Coachingprozess gezeigt hat. Inneres Erleben und äußeres Verhalten bilden dann eine Einheit.

11.2 Unsicherheit II: Das Beispiel Margit R.

Margit R., Ende 40, arbeitet in einer sozialen Einrichtung. In Kommunikationssituationen ist sie unsicher, »eigentlich immer und überall«. Den Smalltalk beim Mittagessen mit den Kollegen meidet sie; es ist ihr unangenehm, wenn ihr zum jeweiligen Thema nichts einfällt. In Teamsitzungen fällt es ihr schwer, ihre Meinung zu sagen; sie ist meistens froh, wenn die Besprechungen zu Ende sind. Die Folge davon: Sie wird immer wieder übergangen. Erst vor kurzem hat ihr Teamleiter eine Entscheidung getroffen und vorher nicht sie um ihre Meinung gefragt, obwohl sie fachlich am kompetentesten ist, sondern einen anderen Kollegen. Margit R. findet das nicht in Ordnung, »das sollte man ändern«.

Ängstlich in der Defensive

Der Coach fragt Margit R., was sie fühlt, wenn sie sich an diese Situation erinnert. Margit R. antwortet zunächst nicht, sie hält die Luft an und presst die Lippen zusammen. Der Coach rät ihr, mit geöffnetem Mund zu atmen, was Margit R. sehr schwer fällt. Die Frage nach dem Gefühl steht immer noch im Raum. Eigentlich, meint Margit R., sei sie ärgerlich: Es passt ihr nicht, übergangen zu werden; sie möchte wahrgenommen und gefragt werden. Sie wirkt eher ängstlich und defensiv, als sie das äußert. Der Coach fragt, ob Margit R. diesen Wunsch ihrem Teamleiter gegenüber in Worte fassen kann. Nach einiger Zeit formuliert sie eher verschämt die Bitte, »ob es möglich wäre, mich in Zukunft zu fragen?«

Im Rollenspiel bietet sich der Coach Margit R. als Gegenüber an. Sie soll zu ihm sagen: »Mir passt das nicht. Ich will es in Zukunft anders haben.« Margit R. beißt sich auf die Lippen, diese Sätze kann sie nicht aussprechen.

Der Coach fragt nach ihrem Gefühl in diesem Moment: Sie schäme sich, sagt Margit R.. Der Coach bittet sie, tiefer zu atmen, Blickkontakt zu ihm zu halten, den Satz mitsamt der Scham zu sagen und dieses für sie unangenehme Gefühl zu respektieren. (Manche unangenehmen Gefühle muss man im Coachingprozess unterstützen, um eine Veränderung herbeizuführen, bei anderen wäre es eher schädlich. Ein guter Coach kennt den Unterschied.)

Margit R. sagt ein paar Mal »Mir passt das nicht, ich will es in Zukunft anders haben.« Das Gefühl der Scham verschwindet langsam, stattdessen spürt sie zunehmend deutlicher, was sie eigentlich ausdrücken möchte: »Ich bin wichtig.« Das auszusprechen fällt ihr anfangs überhaupt nicht leicht.

Die Körpersprache von Margit R. spiegelt den Prozess deutlich wider. Am Anfang wirkt sie eher steif, starr und ungelenk; wie ihre Lippen scheint der ganze Körper zusammengepresst zu sein. Im Laufe der Arbeit jedoch kommt Bewegung in ihre Körperhaltung und Farbe in ihr Gesicht. Der Satz »Ich bin wichtig«, der anfangs so schwer auszusprechen war, löst nun eine vorsichtige Freude bei Margit R. aus.

Das weitere Coaching besteht wie im vorangegangenen Beispiel darin, mit diesem Satz zu arbeiten, damit Margit R. mit dem Gefühl, »wichtig zu sein«, vertraut wird. Es wird die Grundlage dafür sein, die Unsicherheit in Kommunikationssituationen abzubauen und ihr zu helfen, buchstäblich den Mund aufzumachen, wenn sie etwas zum Thema beizutragen hat. Im Coaching wird dafür noch einmal eine Situation nachgestellt, in der sich Margit R. übergangen fühlte. Die Aufgabe: Ihre Meinung zum Thema zu äußern, obwohl sie nicht ausdrücklich darum gebeten wurde, und mitzuteilen, dass sie beim nächsten Mal gefragt werden möchte.

Unterschiedliche Gefühlsqualitäten

An den beiden Fallbeispielen zum Thema Unsicherheit in Kommunikationssituationen wird deutlich, dass Andreas B. und Margit R. ihre Unsicherheit innerlich völlig unterschiedlich erleben. Bei anderen Menschen können wieder ganz andere Gefühlsqualitäten zum Vorschein kommen, wenn sie ihre Unsicherheit genau anschauen. Der Weg aus der Stagnation führt deshalb – jeweils abhängig vom ganz persönlichen inneren Erleben – über sehr individuelle Pfade.

Individuelle Wege aus der Stagnation

11.3 Aggressionen: Das Beispiel Martin L.

Martin L. ist Anfang Dreißig und arbeitet im Vertrieb eines mittelständischen Unternehmens. Die Arbeit selbst macht ihm großen Spaß, die sozialen Beziehungen im Team hingegen sind für ihn ein großes Problem.

Die Vertriebsabteilung ist klein und besteht neben ihm aus zwei weiteren (älteren) Kollegen, seinem Chef (Anfang 60, eher autoritärer Führungsstil) und dessen Sekretärin. Alle außer Martin L. sind schon lange in dieser Firma, gehen gerne gemeinsam zum Mittagessen und treffen sich samt Familienanhang immer wieder auch in der Freizeit. Dass Martin L. diese privaten Kontakte außerhalb der Firma nicht will, kommt bei den anderen nicht gut an. Ab und zu macht er deshalb mit, obwohl es ihm eigentlich zu viel ist.

Besondere Probleme hat er mit der Sekretärin seines Chefs: zum einen, weil sie jede Kleinigkeit aus dem Arbeitsalltag an den Chef weitergibt; zum anderen, weil sie Martin L.s äußere Erscheinung kritisiert, die ihr nicht konservativ genug ist. Gerne rückt sie ihm auch unaufgefordert die Krawatte zurecht, wenn sie glaubt, dass er nicht »ordentlich« genug aussieht.

Martin L. hat ihr schon öfter zu verstehen gegeben, dass er das alles nicht will. Erfolg hatte er damit bisher nicht. Ihr in deutlicheren Worten eine Abfuhr zu erteilen, traut er sich nicht. Er hat Bedenken, dass sie sich beim Chef über ihn beschweren wird, dass er dann Probleme mit ihm bekommt und womöglich berufliche Nachteile zu erleiden hat. Nach seinen Erfahrungen neigt der Chef dazu, der Sekretärin beizupflichten. Die ganze Situation

Die Aggression wird beiseite geschoben

geht ihm auf die Nerven und macht ihn im Arbeitsalltag immer wieder auch sehr aggressiv. Diese Aggressionen schiebt Martin L. jedoch schnell wieder beiseite, weil es ihm in seiner Situation »ja nichts bringt«, wenn er sauer wird.

Zu Beginn des Coachings im Rahmen einer Seminargruppe macht Martin L. einen sehr resignierten Eindruck. Er erzählt mit monotoner Stimme von seiner Situation, die ihm ausweglos erscheint. Er weiß nicht, wie er mit den Menschen an seinem Arbeitsplatz umgehen soll. Zusammengesunken und bewegungslos sitzt er auf seinem Stuhl. Doch je mehr er erzählt, desto unruhiger wird er. Irgendwann nimmt die Unruhe überhand, Martin L. muss aufstehen und sich bewegen. Der Coach fragt ihn, was er im Moment fühlt. »Protest, Widerstand«, sagt Martin L.

Dieser Protest richtet sich zunächst gegen die Sekretärin: gegen ihre Einmischung in Martin L.s persönliche Belange wie seine Kleidung und gegen ihre Angewohnheit, bei ihrem Chef Stimmung gegen Martin L. zu machen. »Diese Frau würde ich mir gerne mal vorknöpfen«, sagt er schließlich.

Der Coach stellt mit Gruppenteilnehmern die Situation im Büro nach, eine Teilnehmerin spielt die Sekretärin und kritisiert Martin L. heftig. Es stellt sich heraus, dass er oft so tut, als höre er die Kritik gar nicht, obwohl es dabei in ihm jedes Mal brodelt.

Das »Nein« deutlich spüren

Der nächste Schritt im Coachingprozess ist jetzt für ihn, der Sekretärin gegenüber seine Meinung zu äußern, ihr entgegenzutreten. Martin L. tut das im Rollenspiel anfangs noch ein wenig halbherzig, eher in der Art eines trotzigen Jungen. Im Verlauf des Dialogs wird er in seinen Entgegnungen aber immer deutlicher und bestimmter. Seine Körpersprache verändert sich, er baut mehr Körperspannung auf und wird aufrechter. Am Schluss des Dialogs macht er eine abwehrende, wenn auch etwas verhaltene Handbewegung nach außen: »Hören Sie auf«, sagt er zu der »Sekretärin«. Der Coach fragt ihn, was er bei dieser Handbewegung fühlt: »Ich spüre mein Nein dann deutlicher«, sagt Martin L.

Der weitere Ablauf: Martin L. soll die abwehrende Handbewegung nicht abstoppen, sondern vollständig ausführen und noch einmal seine Gefühle dabei wahrnehmen. (Der Zusammenhang zwischen äußerem Verhalten und innerem Erleben wird im Coachingprozess immer wieder aufgegriffen und deutlich gemacht.)

Martin L. sagt noch ein paar Mal »Nein« zu der Seminarteilnehmerin, die die Sekretärin spielt. Seine Stimme wird zunehmend fester, tiefer und voller. Er ist zufrieden mit dem bisherigen Prozess und glaubt, dass er sich auf diese Weise auch künftig im realen Kontakt behaupten kann. Aber da fällt ihm ein, dass sein Problem damit noch nicht gelöst ist. Die Sekretärin wird zum Chef laufen, sich dort über ihn beschweren, »und dann muss ich mich ja auch noch gegen meinen Chef wehren«.

Auch diese Situation wird im Coaching nachgestellt. Ein Seminarteilnehmer spielt den Chef, der Martin L. in autoritären Worten mitteilt, dass er sein Verhalten nicht billigt und mehr Anpassung an die Spielregeln in der Abteilung erwartet.

Martin L.s Aufgabe ist es nun, auch in der (gespielten) Beziehung zu seinem Chef für seine Interessen einzustehen, sich zu behaupten. Martin L. tut das mit fester Stimme. Rasch wird aus den abwehrenden Handbewegungen beinahe ein Boxen, Martin L.s Augen blitzen, die zunehmende Spannung im Gesicht (vor allem im Kieferbereich) ist deutlich sichtbar. Der Coach teilt ihm diese Beobachtungen mit und fragt Martin L. nach seinem inneren Erleben. Martin L. spürt starke Aggressionen.

Die Aggression im realen Kontakt

Die Frage ist jetzt, wie Martin L. im realen Kontakt zu seinem Chef damit umgehen kann. Er kann (und will) der Aggression nicht ungebremst freien Lauf lassen. Aber der Zugang zu diesem Gefühl, das Martin L. vorher immer rasch beiseite geschoben hat, ist dennoch wichtig und vor allem auch nützlich.

Was ist sein Interesse, sein Bedürfnis, in der konkreten Situation? Martin L. sagt, er möchte sich nicht mehr so sehr einengen lassen, er will seinen persönlichen Freiraum behalten – sowohl in Bezug auf seinen Kleidungsstil als auch in Bezug auf seine Freizeitgestaltung. Er weiß, dass dies im Rahmen der Firmengepflogenheiten möglich ist. Die Freiheiten, die dieser Rahmen zulässt, möchte er sich von seinem direkten Vorgesetzten und den Kollegen nicht nehmen lassen.

Das Bedürfnis wird verhaltensbestimmend

Der Coach unterstützt Martin L. dabei, die Aggression, die er jetzt spürt, zuzulassen, und mit diesem Gefühl »im Bauch« sein Interesse dem Chef mitzuteilen. Der Zugang zu dem Gefühl der Aggression verhindert, dass Martin L. in die resignierte, spannungslose Haltung vom Anfang fällt. Er steht stattdessen aufrecht, hält Blickkontakt und spricht seinen »Chef« mit fester Stimme an. Sein Auftreten ist klar und bestimmt. Nicht mehr die »Katastrophenfantasie«, seine Angst vor beruflichen Nachteilen, ist für ihn verhaltensbestimmend, sondern sein Bedürfnis, für seine Interessen einzutreten und nicht schon im Voraus klein beizugeben.

Für Martin L. ist es eine wichtige Erfahrung, dass das Gefühl der Aggression nichts Negatives ist, sondern ihm vielmehr Kraft und Energie gibt, seine Interessen auf eine situationsangemessene Weise einzufordern.

Sehr wertvoll für ihn ist auch das Feedback der beiden Seminarteilnehmer, die im Rollenspiel die Sekretärin beziehungsweise den Chef gespielt haben. Beide sagen ihm, dass sie Martin L. am Anfang eher als »leichte Beute« empfunden hätten, was sich im Laufe des Coachingprozesses deutlich verändert habe. Sowohl die »Sekretärin« als auch der »Chef« spürten gegenüber Martin L. am Ende deutlich mehr Respekt.

Das Ziel des Coachingprozesses

Individuelle Strategien entwickeln

Die drei Fallbeispiele zeigen (naturgemäß sehr stark zusammengefasst) den Weg des Coachingprozesses, der Kommunikationstraining als Persönlichkeitsentwicklung versteht. Es geht dabei zunächst darum, das äußere Verhalten, die Körpersprache, mit dem inneren Erleben in Verbindung zu bringen, die Gefühle deutlich zu machen, die hinter dem äußeren Verhalten stecken.

Diese Gefühlsprozesse sind die Grundlage von Verhaltensänderungen.

Im geschützten Rahmen des Coachings ist es möglich, solche Emotionen in ihrer zunächst groben, häufig noch »unkultivierten« Ursprungsform auszudrücken und zu leben. Das ist im Alltag nicht möglich und auch nicht sinnvoll. Im weiteren Coachingprozess werden deshalb individuelle Strategien für situationsangemessenes Handeln in der Realität entwickelt.

Diese Strategien fußen auf dem konkreten Bedürfnis in der jeweiligen Situation, das im Coachingprozess herausgearbeitet wird. Erst wenn die Bedürfnisse klar geworden sind, ist situationsangemessenes und zielorientiertes Verhalten möglich – und damit auch effektive Kommunikation.

Nachwort

Kommunikationstraining als Persönlichkeitsentwicklung ist kein Prozess, den man einmal durchläuft und der einen dann für den Rest des Lebens zum strahlenden Kommunikator werden lässt. Es werden immer wieder größere und kleinere Hindernisse auf dem Weg lauern, und nach einem erfüllten Bedürfnis taucht in aller Regel das nächste unerfüllte auf. Das ist nicht schlimm: Man kann ja eines nach dem anderen abarbeiten. Und zwischendurch auch die Freude und Zufriedenheit genießen, wenn sich ein Bedürfnis erfüllt hat.

Das Schöne dabei: Je mehr Übung Sie haben, desto einfacher geht es. Mit der Zeit geht es schneller und wird leichter, das ganz persönliche Wachstum. Aufhören wird es nie. Persönlichkeitsentwicklung ist eine lebenslange Geschichte – hoffentlich. Denn damit bleibt Ihr Leben spannend.

Mit diesem Buch haben wir Ihnen eine Landkarte für das Gebiet der Kommunikation versprochen. Wir hoffen, dass Sie sich damit auf den Weg in den Alltag machen, praktische Erfahrungen sammeln und viel Neues erleben.

Wenn Sie uns Ihre Erfahrungen oder auch Anmerkungen zu diesem Buch mitteilen möchten – wir freuen uns darauf.

Winfried Pohl
Gisela Sämann

Pohl & Partner
Bertha-von-Suttner-Str. 1
D-72074 Tübingen
Fon 07071 · 848 68
www.pohl-partner.biz
info@pohl-partner.biz

Literatur

Argyle, Michael, Alkema, F. & Kilmore, R. (1972). The communication of friendly and hostile attitudes by verbal and non-verbal signals. European Journal of Social Psychology I, 385-402

Argyle, Michael (1975). Soziale Interaktion. Köln, Kiepenheuer & Witsch

Argyle, Michael (1996). Körpersprache und Kommunikation. Paderborn, Junfermann

Bandler, Richard & Grinder, John (1981). Metasprache und Psychotherapie. Die Struktur der Magie I. Paderborn, Junfermann

Bandler, Richard & Grinder, John (1982). Kommunikation und Veränderung. Die Struktur der Magie II. Paderborn, Junfermann

Bandler, Richard & Grinder, John (1983). Neue Wege der Kurzzeit-Therapie. Neurolinguistische Programme. Paderborn, Junfermann

Bandler, Richard & Grinder, John (1984). Therapie in Trance: Hypnose, Kommunikation mit dem Unbewussten. Stuttgart, Klett-Cotta

Beisser, Arnold R. (1997). Die paradoxe Theorie der Veränderung. In: Beisser, Arnold R. (1997). Wozu brauche ich Flügel. Köln, Hammer, 144-148

Berne, Eric (1988). Spiele der Erwachsenen. Reinbek, Rowohlt

Breuer, Karlpeter (Hg.) (1998). Thomas Gordon: Das Gordon-Modell. München, Heyne

Brockert, Siegfried (2000). Praxisführer Psychotherapie. München, Droemer-Knaur

Bugental, Daphne E., Kaswan, Jaques W. & Love, Leonore R. (1970). Perception of contradictory meanings conveyed by verbal and nonverbal channels. Journal of Personality and Social Psychology 16, 647-655

Cohn, Ruth (1975). Von der Psychoanalyse zur Themenzentrierten Interaktion. Stuttgart, Klett-Cotta

Cole, Kris (1996). Kommunikation klipp und klar. Besser verstehen und verstanden werden. Weinheim, Beltz

Erickson, Milton H. (1986). Meine Stimme begleitet Sie überallhin. Ein Lehrseminar. München, Pfeiffer

Freud, Sigmund (1960). Gesammelte Werke, Bd. I-XVIII. Frankfurt/M., Fischer

Fuhr, Reinhard, Sreckovic, Milan & Gremmler-Fuhr, Martina (Hg.) (1999). Handbuch der Gestalttherapie. Göttingen, Hogrefe

Jung, Carl G. (1969). Über die Grundlagen der analytischen Psychologie. Frankfurt/M., Fischer

Jung, Carl G. (1978). Der Mensch und seine Symbole. Olten, Walter

Glasl, Friedrich (1990): Konfliktmanagement. Ein Handbuch für Führungskräfte und Berater. Stuttgart, Haupt

Gordon, Thomas (1987). Managerkonferenz. Effektives Führungstraining. Reinbek, Rowohlt

Grawe, Klaus (1998). Psychologische Therapie. Göttingen, Hogrefe

Gros, Eckhard (Hg.) (1994). Anwendungsbezogene Arbeits-, Betriebs- und Organisationspsychologie. Göttingen, Hogrefe

Herkner, Werner (1993). Lehrbuch Sozialpsychologie. Stuttgart, Huber

Johnson, Don (1980). Rolfing und die menschliche Flexibilität. Wie der Körper des Proteus. Essen, Synthesis

Kreggenfeld, Udo (2002). Direkt im Dialog. Professionelle Gesprächsführung im Unternehmen. Bonn, ManagerSeminare Verl.

Kurtz, Ron & Prestera, Hector (1979). Botschaften des Körpers: Bodyreading, ein illustrierter Leitfaden. München, Kösel

Kurtz, Ron (1985). Körperzentrierte Psychotherapie: die Hakomi Methode. Essen, Synthesis

Lohmer, Mathias (Hg.) (2000). Psychodynamische Organisationsberatung. Konzepte und Potentiale in Veränderungsprozessen. Stuttgart, Klett-Cotta

Looss, Wolfgang (1997). Unter vier Augen. Coaching für Manager. Landsberg, Moderne Industrie; korr. Neuausg.: Bergisch Gladbach 2006, EHP

Lowen, Alexander (1979). Bioenergetik. Therapie der Seele durch Arbeit mit dem Körper. Reinbek, Rowohlt

Lowen, Alexander (1993). Bioenergetik als Körpertherapie. Der Verrat am Körper und wie er wieder gutzumachen ist. Reinbek, Rowohlt

Lysebeth, André van (1979). Yoga. München, Heyne

Lysebeth, André van (1982). Die große Kraft des Atems. Die Atemschule des Pranayama. München, Barth

Nyanaponika (1989). Geistestraining durch Achtsamkeit. Konstanz, Christiani

Margraf, Jürgen (Hg.) (2000). Lehrbuch der Verhaltenstherapie. Bd. 1 u. 2. Berlin, Springer

Maslow, Abraham (1973). Psychologie des Seins. München, Kindler

Mehrabian, Albert (1968). Communication without words. Psychology Today, 52-55

Mehrabian, Albert & Ferris, S.R. (1967). Inference of attitudes from nonverbal communication in two channels. J. Consult. Psychology 31, 248-252

Mehrabian, Albert (1972). Nonverbal Communication. Chicago, Aldine-Atherton

Molcho, Samy (1983). Körpersprache. München, Mosaik

Morris, Desmond (1995). Körpersprache, Gesten und Gebärden. München, Heyne

Müller, Roland & Ruhleder, Rolf (1996). Der kompetente Manager. Kleines Handbuch für Selbstmanagement, Kommunikation und Konfliktbewältigung. Zürich, Orell Füssli

Naranjo, Claudio & Ornstein, Robert E. (1978). Psychologie der Meditation. Frankfurt/M., Fischer

Ornstein, Robert E. (1976). Die Psychologie des Bewusstseins. Frankfurt/M., Fischer

Perls, Frederick S. (1974). Gestalt-Therapie in Aktion. Stuttgart, Klett-Cotta

Perls, Frederick S. (1976). Grundlagen der Gestalt-Therapie. München, Pfeiffer

Perls, Frederick S. (1980). Gestalt, Wachstum, Integration. Paderborn, Junfermann

Perls, Frederick S., Hefferline, Ralph F. & Goodman, Paul (1979). Gestalt-Therapie. Lebensfreude und Persönlichkeitsentwicklung. Stuttgart, Klett-Cotta; 7., neu übers. Aufl. 2006

Perls, Frederick S., Hefferline, Ralph F. & Goodman, Paul (1979). Gestalt-Therapie. Wiederbelebung des Selbst. Stuttgart, Klett-Cotta; 9., vollständ. überarb. Aufl. 2007

Pohl, Winfried & Sämann, Gisela. Feedback braucht Klarheit. Weiterbildung 5/2006, 36-38

Quitman, Helmut (1996). Humanistische Psychologie. Psychologie, Philosophie, Organisationsentwicklung. Göttingen, Hogrefe

Rahula, Walpola (1982). Was der Buddha lehrt. Bern, Origo

Rauen, Christopher (Hg.) (2000). Handbuch Coaching. Göttingen, Hogrefe

Rauen, Christopher (2001). Coaching. Innovative Konzepte im Vergleich. Göttingen, Hogrefe

Revenstorf, Dirk (1982). Die dritte Kraft: Humanistische Psychologie. In: Stalmann, Reinhart: Kindlers Handbuch Psychologie. München, Kindler, 249-273

Revenstorf, Dirk (1983). Psychotherapeutische Verfahren Bd. 3. Humanistische Therapien. Stuttgart, Kohlhammer.

Revenstorf, Dirk (1989). Psychotherapeutische Verfahren Bd. 2. Verhaltenstherapie. Stuttgart, Kohlhammer.

Revenstorf, Dirk (1994). Psychotherapeutische Verfahren Bd. 1. Tiefenpsychologische Therapie. Stuttgart, Kohlhammer.

Rogers, Carl R. (1973). Entwicklung der Persönlichkeit. Stuttgart, Klett

Rogers, Carl R. (1975). Die klientenzentrierte Gesprächspsychotherapie. München, Kindler

Rogers, Carl R. (1978). Die Kraft des Guten. Ein Appell zur Selbstverwirklichung. München, Kindler

Rogers, Carl R. & Schmid, Peter F. (1991). Person-zentriert. Grundlagen von Theorie und Praxis. Mainz, Matthias-Grünewald-Verl.

Rolf, Ida P. (1977). Rolfing – The Integration of Human Structures. Santa Monica, Dennis-Landman

Roth, Gerhard (2002). 90 Prozent sind unbewusst. Psychologie Heute 2/2002, 44-49

Rudolf, Gerd (2000). Psychotherapeutische Medizin und Psychosomatik. Stuttgart, Thieme

Ruhleder, Rolf H. (1990). Rhetorik, Kinesik, Dialektik. Bonn, Rentrop

Ruhleder, Rolf H. (2000). Die 10 Schritte zum Verkaufserfolg. Renningen, expert-Verl.

Satir, Virginia (1988). Selbstwert und Kommunikation. München, Pfeiffer

Scherer, Klaus R. & Wallbott, Harald G. (1979). Nonverbale Kommunikation: Forschungsberichte zum Interaktionsverhalten. Weinheim, Beltz

Schulz von Thun, Friedemann (1981). Miteinander reden 1: Störungen und Klärungen. Psychologie der zwischenmenschlichen Kommunikation. Reinbek, Rowohlt

Schulz von Thun, Friedemann (1989). Miteinander reden 2: Stile, Werte und Persönlichkeitsentwicklung. Differentielle Psychologie der Kommunikation. Reinbek, Rowohlt

Schulz von Thun, Friedemann (2000). Miteinander reden 3: Das »Innere Team« und situationsgerechte Kommunikation. Reinbek, Rowohlt

Schulz von Thun, Friedemann (2000). Miteinander reden: Kommunikationspsychologie für Führungskräfte. Reinbek, Rowohlt

Staemmler, Frank-M. (1989). Etiketten sind für Flaschen, nicht für Menschen – Anmerkungen zur Diagnostik-Diskussion, in: Gestalttherapie, 1989, 3/1, 71-77

Staemmler, Frank-M. (1993). Therapeutische Beziehung und Diagnose. München, Pfeiffer

Staemmler, Frank-M. (1995). Der »leere Stuhl«: ein Beitrag zur Technik der Gestalttherapie. München, Pfeiffer

Staemmler, Frank-M. & Bock, Werner (1998). Ganzheitliche Veränderung in der Gestalttherapie. Wuppertal, Peter Hammer Verl.

Steiger, Thomas & Lippmann, Eric (Hg.) (1999). Handbuch angewandte Psychologie für Führungskräfte. Führungskompetenz und Führungswissen. Bd. 1 u. 2. Berlin, Springer

Thomann, Christoph & Schulz von Thun, Friedemann (2000). Klärungshilfe. Handbuch für Therapeuten, Gesprächshelfer und Moderatoren in schwierigen Gesprächen. Reinbek, Rowohlt

Völker, Ulrich (Hg.) (1980). Humanistische Psychologie. Ansätze einer lebensnahen Wissenschaft vom Menschen. Weinheim, Beltz

Waibel, Jochen (2000). Ich stimme. Das Stimmhaus-Konzept für die Balance von Stimme und Persönlichkeit. Köln, EHP

Watzlawick, Paul (1996). Anleitung zum Unglücklichsein. München, Piper

Watzlawick, Paul, Beavin, Janet & Jackson, Don (1969). Menschliche Kommunikation. Bern, Huber

Watzlawick, Paul, Weakland, John & Fisch, Richard (1974). Lösungen. Bern, Huber

Weisbach, Christian-Rainer (2001). Professionelle Gesprächsführung. Ein praxisnahes Lese- und Übungsbuch. München, Beck-Wirtschaftsberater im dtv

Wyss, Dieter (1977). Die tiefenpsychologischen Schulen von den Anfängen bis zur Gegenwart. Göttingen, Vandenhoek u. Ruprecht

Yontef, Gary M. (1999). Awareness, Dialog, Prozess. Wege zu einer relationalen Gestalttherapie. Köln, EHP

Jochen Waibel

ICH STIMME

Das Stimmhaus-Konzept für die Balance von Stimme und Persönlichkeit

Mit einer Einleitung von Stephen Schoen
EHP-Praxis / ISBN 978-3-9804784-3-4 / 252 S., zahlr. Abb.

Das erste Lehr- und Übungsbuch für alle, die im professionellen Bereich über ihre stimmliche Entfaltung die Entwicklung ihrer Persönlichkeit unterstützen wollen, oder umgekehrt über die Entfaltung der Persönlichkeit ihre Stimme entwickeln wollen. Ich komme mit meiner Stimme nicht an meiner Persönlichkeit vorbei. Wenn ich dies als Chance erkenne, so bin ich Stimme. Ich Stimme!

»Wem die Stimme versagt, hat nicht nur mit der Stimme Probleme. Ohne vereinfachte Ursache-Wirkung-Zusammenhänge zu konstruieren, entwickelt das Buch eine Symbiose aus praktischen, wissenschaftlichen und poetischen Ansätzen, um dem Menschen zu seiner eigenen Stimme zu verhelfen. Erhellend und einladend.« (DIE ZEIT)

Günther Mohr

COACHING UND SELBSTCOACHING

Professionelle Beratung mit integrativer Transaktionsanalyse

EHP-Praxis / ISBN 978-3-89797-079-3 / 220 S., zahlr. Abb. u. Tab.

Dieser Band erweitert das ›Handbuch Systemische Beratung‹ um eine Einführung in ein integratives Coaching-Konzept mit Fallbeispielen und Erfahrungen aus dem Beratungsalltag.

Modernes Coaching ist pluralistisch und bedient sich der Methoden aus sehr unterschiedlichen psychologischen, pädagogischen und verwandten fachlichen Disziplinen. Dennoch ist für das Coaching ein praktisches Basis- und Veränderungskonzept sinnvoll, das Persönlichkeit und persönliche Beziehungen zu anderen erfasst. Dies dient quasi als Hafen zum Ausgangspunkt und zur Wiederkehr für Ausflüge in verschiedene methodische Richtungen. Hier wird es für alle Zielgruppen praxisnah geliefert:

- Führungskräfte, die Coaching einsetzten,
- Coaches, die andere Methoden gelernt haben,
- Menschen, die sich überlegen, ein Coaching zu machen.

Edgar H. Schein

FÜHRUNG UND VERÄNDERUNGSMANAGEMENT

Persönlichkeit als Motor von Organisationskultur und Organisations-transformation

Mit einem Beitrag von Gerhard Fatzer
Übers. Grit Kamann
EHP-Organisation / ISBN 978-3-89797-056-4 / 180 S., zahlr. Abb. und Tabellen

Das aktuelle Buch von Ed Schein entwickelt vor dem Hintergrund seiner Theorien von Prozessberatung, Unternehmenskultur und den ›Karriereankern‹ ein neues Modell von Führung. Sein Leadership-Modell integriert seine über viele Jahrzehnte in der praktischen Arbeit mit den Unternehmen und mit charismatischen Führungspersönlichkeiten entwickelte Theorien.

Dabei liegt sein besonderer Fokus auf dem Aspekt der Entwicklung der Unternehmenskultur. Sein Bild von visionären Führungspersönlichkeiten, die eigene Unternehmenskulturen entwickeln, untersucht er nach den Kriterien von Transformation und Transition.

In welchem Verhältnis steht die Führungspersönlichkeit zur Veränderungsfähigkeit des Unternehmens? Wie lässt sich im Spannungsverhältnis von Führungspersönlichkeit und Unternehmenskultur eine Organisation adäquat verändern?

»Ein großer neuer Wurf und wie immer bei Schein, großartig geschrieben und unterhaltsam zu lesen!«

– Teile dieses Buchs sind auch als DvD erhältlich mit einem Live-Vortrag von Ed Schein –

Arndt Ahlers-Niemann / Ullrich Beumer / Rose Redding Mersky / Burkard Sievers (Hg.)

ORGANISATIONSLANDSCHAFTEN

Sozioanalytische Gedanken und Interventionen zur normalen Verrücktheit in Organisationen / Socioanalytic thoughts and interventions on the normal madness in organizations

EHP-Organisation / ISBN 978-3-89797-047-2 / 304 S., Abb.

Inspiriert durch die Arbeiten von Burkard Sievers, der sich immer wieder mit der Wahrnehmung destruktiver und irrationaler Prozesse und Dynamiken in Organisationen beschäftigt, zielt dieses Buch auf die Balance von Verzweiflung und Hoffnung bezüglich der Situation und der Perspektiven moderner Organisationen.

Mit deutschen und englischen Artikeln eröffnet dieser Band einem internationalen Publikum einen neuartigen Zugang zum Verständnis aktueller Prozesse in Organisationen und Unternehmen und entwickelt Perspektiven auf eine bessere zukünftige Praxis.

I. BURKARD SIEVERS Die psychotische Organisation - YIANNIS GABRIEL Organizational Miasma, Purification and Cleansing - HOWARD STEIN Traumatic Change and the Inconsolable Organization - ROLF HAUBL Destruktive Nachfolgeprozesse in Familienunternehmen ARNDT AHLERS-NIEMANN Sozioanalytische Gedanken zur Ökonomisierung der Universitäten JIM KRANTZ Social Defenses in Global Organizations

II. CLAUS HOHMANN Anmerkungen zur Überwindung von Angst im Unternehmen aus der Sicht eines Managers - SUSAN LONG Organizational Desire and Values - GORDON LAWRENCE Reality testing in systems by means of symbiont role relationships - WADII SERHANE Die Komplementarität verborgener Gedanken in Organisationen - DIETER OHLMEIER Hermann Melvilles »Billy Budd, Sailor« - Über Unschuld und Urkonflikt einer Organisation

III. HEIDI MÖLLER Die Psychohistorie von LLoyd deMause als Zugang zu impliziten organisationalem Wissen - VERENA MELL Kunst als Medium zur freien Assoziation – Was Dalis Bilder über Führung zu sagen haben - ROSE MERSKY Social Dream Drawing – A methology in the making - ULLRICH BEUMER Bindungs- und integrationsfördernde Objekt-Beziehungen in Management und Beratung

Peter Höher / Friederike Höher

KONFLIKTMANAGEMENT

Konflikte kompetent erkennen und lösen

EHP-Praxis / ISBN 978-3-89797-018-2 / 220 S., zahlr. Abb.

Ein praktisches Arbeitshandbuch für Führungskräfte, das beim Erkennen und Lösen von Konflikten hilft, und Übungs- und Testmaterial bereitstellt.

Damit Konflikte nicht bedrohlich und zerstörerisch werden, ist ein kluger und effizienter Umgang mit ihnen gefragt. Zielgruppe des Buches sind Menschen mit Konflikten am Arbeitsplatz. Trainer, Berater und Coaches benutzen es ebenfalls und setzen es zu Ausbildungszwecken und in der Lehre ein.

Sie erfahren hier, wie sich komplexes Konfliktgeschehen steuern lässt. Unterstützt durch Checklisten, Fallbeispiele und Karten werden Ihr Konfliktverständnis und Ihre persönliche Konfliktkompetenz entwickelt.

»Das Buch eröffnet praxisnahe Handlungsmöglichkeiten in Konfliktsituationen« (Personalwirtschaft 8/2005)

Christoph Mandl / Markus Hauser / Hanna Mandl

DIE SCHÖPFERISCHE BESPRECHUNG

Kunst und Praxis des Dialogs in Organisationen

EHP-Organisation / ISBN 978-3-89797-057-1 / 250 S., Abb.

Die Wurzeln einer sich erfolgreich behauptenden Organisation sind eine zeitgemäße Besprechungsstruktur. Die Autoren stellen sich deshalb hier drei Fragen:

- Was sind produktive Besprechungen?
- Woran erkennt man sie?
- Wie entstehen sie?

Sie benennen Konzepte für eine »Technologie der Besprechungen« und passen die Struktur der Besprechungen an die heutigen Erfordernisse an. Als Quelle von Krisen machen sie Besprechungskulturen aus, in denen bloß sachliche Verständigung, Monologe sowie professionelle Unfähigkeit und Abwehrroutinen den Gesprächsverlauf bestimmen.

Dieses Buch fördert das Verständnis für die Essenz schöpferischer Besprechungen, schärft die Aufmerksamkeit für das Schöpferische in Besprechungen und lädt ein zum Erproben neuer Besprechungsstrukturen.